일본인을 위한
日本人のための

여보세요 もしもし 한국어(I) ハンクッオ

▶한글입문(ハングル入門)
▶한국생활(ハンクッセンファル)

金慶淑 著

南斗圖書

남두(南斗) : 남두육성(南斗六星)

은하의 중심인 사수자리에 있는 국자모양의 여섯 개의 별로서, 인간의 탄생을 결정하는 별로 알려져 있다.

머·리·말

요즈음과 같이 문화교류가 활발한 시대에 있어 한국은 예로부터 일본과 가까운 나라로 밀접한 관계를 유지하면서 많은 이들이 한국을 오고 갔습니다. 이에 한국에 대한 관심이 점점 높아져, 한국어를 배우는 학생들은 물론 많은 이들이 한국어를 익히려고 하고 있습니다.

그래서 이 교재는 학생들은 물론 어떤 일에 종사하는 한글 초심자라도 입문에서 고급까지의 코스를 체계적으로 익힐 수 있도록 하였으며, 혼자서도 글을 쓰고 읽을 수 있도록 (Ⅰ) 한글입문·한국생활, (Ⅱ) 한글초급·한국관광으로 구성하였습니다.

이 책 1부는 기초직인 한글문자와 발음을 중심으로 엮었으며, 모음자 21개, 자음자 19개를 합쳐서 40개 문자를 쉽게 암기할 수 있도록 쓰기 연습도 겸하여 구성하였습니다. 우선 발음을 정확히 구별할 수 있어야 단어·문장·회화로 진행할 수 있으므로 기본 문자의 읽기와 쓰기의 정확도에 정성을 쏟았습니다. 또한 한글 읽기에 일본 가다가나로 발음기호를 넣어두어, 학습자가 혼자서도 쉽게 익힐 수 있도록 하였습니다.

2부는 처음 한국어를 배우는 이가 이해하기 쉽도록 간단한 내용을 짧은 일상생활의 회화문으로 정리함으로써 인사 및 기본 표현을 익혀 일상회화문으로 진행할 수 있도록 하였습니다. 그리고 일상생활의 여러 장면의 그림을 첨부하여, 회화를 자연스럽게 익힘으로써 학습자가 보다 쉽게 한글을 마스터할 수 있도록 구성하였습니다.

이 교재가 여러 가지로 부족한 점이 많으나 한국어 학습자의 좋은 길잡이가 되었으면 합니다. 또한 이 책이 출간되기까지 여러 가지로 지원을 아끼지 않으신 일본의 벳푸대학 니시무라 이사장님과 한국의 남두도서 남승우 사장님께도 감사드립니다.

金慶淑

序・言

以前にも増して、文化交流が活発な韓国と日本は密接な関係を維持しながら多くの人々が両国間を往来している。更に、日本人の韓国に対する関心がだんだん増しており、韓国語を学ぶ学生だけでなく、その他多くの人々も韓国語を学ぼうとしています。

この本は韓国語を学んでいる学生だけでなく、どの職業の方でも、入門者から高級者に至るまで韓国語を体系的に身につけられるように、独学者でもハングルを書け、読めるように編集されたものであります。

この教材は (Ⅰ)ハングル入門・ハングッセンファル, (Ⅱ)ハングル初級・ハングッグァングアンで構成されています。

1部は基本的なハングル文字と発音を中心として綴り母音字19字あわせて40字を素早く暗記できるように、そして書く練習もできるように構成しました。

発音を正確に区別することにより単語・文章・会話の力も伸びますので基本文字の読み書きの正確度に重点を置き、尽力しました。

本書はハングルの読み方にカタカナで発音記号を入れて、学習者が一人でも学ぶことができるようにしました。

2部は、初めて韓国語を学ぶ人が理解しやすいように、簡単な内容を短い日常生活の会話文にまとめで　あいさつの言葉および基本表現を頭に入れてから、日常会話文に進めるようになっています。また、日常生活のいろんな場面の絵を添付して、会話を自然に覚えるのに役に立つようにしました。それから、学習者が希望通りにマスタできるように構成しました。

最後に、本書には足りない点も多いと思いますが、韓国語学習者の方々にとって少しでもお役に立てれば幸いです。

また、本書が出版されるにあたって多大な支援をして下さった別府大学西村駿一理事長及び、韓国の南斗図書南升祐社長に対して感謝の意を表します。

金 慶 淑

目・次

제1부

한글입문(ハングル入門)

제1장 한글 읽기(ハングルの讀み方)

제2장 한글 쓰기(ハングルの書き方)

제3장 단어 익히기(單語練習)

제4장 기본표현(基本表現)

第2부

한국생활(ハンクッセンファル)

第5장 자기소개チャギソゲ(自己紹介)

第6장 한국생활ハングッセンファル(韓国生活)

第7장 교통キョトン(交通)

第8장 방문 バンムン(訪問)

第9장 감정표현 カムジョンピョヒョン(感情表現)

第10장 직장チクジャン(職場)

第11장 병원ピョンウォン(病院)

제1부

한글입문

(ハングル入門)

제1장

ハングル　イルキ

한글 읽기

(ハングルの読み方)

1. 모음(母音)

ㅏ (a)	ㅑ (ya)	ㅓ (ɔ)	ㅕ (yɔ)	ㅗ (o)	
ㅛ (yo)	ㅜ (u)	ㅠ (yu)	ㅡ (eu)	ㅣ (i)	
ㅐ (ae)	ㅒ (yac)	ㅔ (e)	ㅖ (ye)	ㅘ (wa)	
ㅙ (wae)	ㅚ (oe)	ㅝ (wo)	ㅞ (we)	ㅟ (wi)	ㅢ (ui)

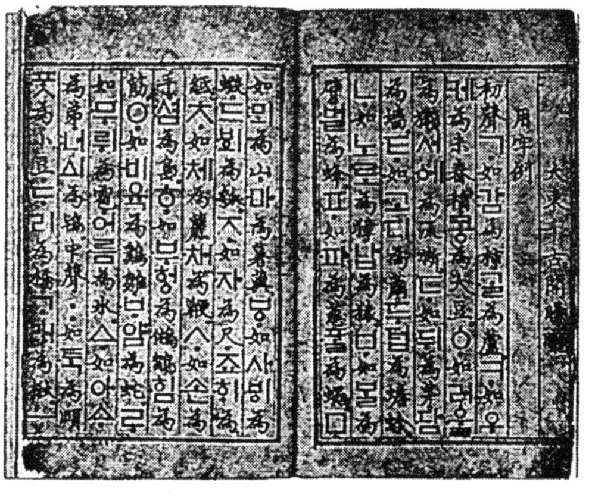

チャウン

2. 자 음(子音)

ㄱ (g)	ㄴ (n)	ㄷ (d)	ㄹ (r,l)	ㅁ (m)	ㅂ (b)	ㅅ (s)
ㅇ (ng)	ㅈ (j/z)	ㅊ (ch/tz)	ㅋ (k)	ㅌ (t)	ㅍ (p)	ㅎ (h)

キョンチョウン

3. 겹자음(濃音)

ㄲ (gg)	ㄸ (dd)	ㅃ (bb)	ㅆ (ss)	ㅉ (jj)

4. 자음(ヂャウン)＋모음(モウン)(子音＋母音)

	(g) ㄱ	(n) ㄴ	(d) ㄷ	(r/l) ㄹ	(m) ㅁ	(b) ㅂ
ㅏ (a) ア	**가** (ga) カ	**나** (na) ナ	**다** (da) ダ	**라** (ra) ラ	**마** (ma) マ	**바** (ba) パ
ㅑ (ya) ヤ	**갸** (gya) ギャ	**냐** (nja) ニャ	**댜** (dya) ティャ	**랴** (rya) りャ	**먀** (mja) ミャ	**뱌** (bya) ピャ
ㅓ (ɔ) オ	**거** (gɔ) コ	**너** (nɔ) ノ	**더** (dɔ) ト	**러** (rɔ) ロ	**머** (mɔ) モ	**버** (bɔ) ポ
ㅕ (yɔ) ヨ	**겨** (gyɔ) キョ	**녀** (njɔ) ニョ	**뎌** (dyɔ) ティョ	**려** (ryɔ) リョ	**며** (mjɔ) ミョ	**벼** (byɔ) ピョ
ㅗ (o) オ	**고** (go) コ	**노** (no) ノ	**도** (do) ト	**로** (ro) ロ	**모** (mo) モ	**보** (bo) ボ
ㅛ (yo) ヨ	**교** (go) キョ	**뇨** (njo) ニョ	**됴** (dyo) ティョ	**료** (ryo) リョ	**묘** (mjo) ミョ	**뵤** (byo) ピョ
ㅜ (u) ウ	**구** (gu) ク	**누** (nu) ヌ	**두** (du) トゥ	**루** (ru) ル	**무** (mu) ム	**부** (bu) ブ
ㅠ (yu) ユ	**규** (gyu) キュ	**뉴** (nju) ニュ	**듀** (dyu) ティュ	**류** (ryu) リュ	**뮤** (mju) ミュ	**뷰** (byu) ビュ
ㅡ (ɯ) ウ	**그** (gɯ) ク	**느** (nɯ) ヌ	**드** (dɯ) トゥ	**르** (rɯ) ル	**므** (mɯ) ム	**브** (bɯ) ブ
ㅣ (i) イ	**기** (gi) ギ	**니** (ni) ニ	**디** (di) ティ	**리** (ri) リ	**미** (mi) ミ	**비** (bi) ビ

(s/ʃ) ㅅ	(ゼロ/ɦ) ㅇ	(j/ʒ) ㅈ	(ʧh) ㅊ	(k) ㅋ	(t) ㅌ	(ph) ㅍ	(h) ㅎ
사 (sa) サ	아 (a) ア	자 (ja) ヂャ	차 (ʧha) チャ	카 (ka) カ	타 (ta) タ	파 (pha) パ	하 (ha) ハ
샤 (ʃa) シャ	야 (ja) ヤ	쟈 (ja) ヂャ	챠 (ʧha) チャ	캬 (kja) キャ	탸 (tja) ティャ	퍄 (phja) ピャ	햐 (hja) ヒャ
서 (sɔ) ソ	어 (ɔ) オ	저 (jɔ) ヂョ	처 (ʧhɔ) チョ	커 (kɔ) コ	터 (tɔ) ト	퍼 (phɔ) ポ	허 (hɔ) ホ
셔 (ʃɔ) ショ	여 (jɔ) ヨ	져 (jɔ) ヂョ	쳐 (ʧhɔ) チョ	켜 (kjɔ) キョ	텨 (tjɔ) ティョ	펴 (phjɔ) ピョ	혀 (hjɔ) ヒョ
소 (so) ソ	오 (o) オ	조 (jo) ヂョ	초 (ʧho) チョ	코 (ko) コ	토 (to) ト	포 (pho) ポ	호 (ho) ホ
쇼 (ʃo) ショ	요 (jo) ヨ	죠 (jyo) ヂョ	쵸 (ʧho) チョ	쿄 (kjo) キョ	툐 (tjo) ティョ	표 (phjo) ピョ	효 (hjo) ヒョ
수 (su) ス	우 (u) ウ	주 (ju) ヂュ	추 (ʧhu) チュ	쿠 (ku) ク	투 (tu) トゥ	푸 (phu) プ	후 (hu) フ
슈 (ʃu) シュ	유 (ju) ユ	쥬 (jyu) ヂュ	츄 (ʧhu) チュ	큐 (kju) キュ	튜 (tju) ティュ	퓨 (phju) ピュ	휴 (hju) ヒュ
스 (sɯ) ス	으 (ɯ) ウ	즈 (jɯ) ヂュ	츠 (ʧhɯ) チュ	크 (kɯ) ク	트 (tɯ) トゥ	프 (phɯ) プ	흐 (hɯ) フ
시 (ʃi) シ	이 (i) イ	지 (ji) ヂ	치 (ʧhi) チ	키 (ki) キ	티 (ti) ティ	피 (phi) ピ	히 (hi) ヒ

5. 자음+이중모음(子音+二重母音)

チャウン イヂュンモウン

	ㅐ (æ)	ㅒ (yae)	ㅔ (e)	ㅖ (ye)	ㅘ (wa)	ㅙ (wae)	ㅚ (oe)	ㅝ (wo)	ㅞ (we)	ㅟ (wi)	ㅢ (ui)
ㄱ (g)	개	걔	게	계	과	괘	괴	궈	궤	귀	긔
ㄴ (n)	내	냬	네	녜	놔	놰	뇌	눠	눼	뉘	늬
ㄷ (d)	대	댸	데	뎨	돠	돼	되	둬	뒈	뒤	듸
ㄹ (r/l)	래	럐	레	례	롸	뢔	뢰	뤄	뤠	뤼	릐
ㅁ (m)	매	먜	메	몌	뫄	뫠	뫼	뭐	뭬	뮈	믜
ㅂ (b)	배	뱨	베	볘	봐	봬	뵈	붜	붸	뷔	븨
ㅅ (s/ʃ)	새	섀	세	셰	솨	쇄	쇠	숴	쉐	쉬	싀
ㅇ (ɦ)	애	얘	에	예	와	왜	외	워	웨	위	의
ㅈ (j/z)	재	쟤	제	졔	좌	좨	죄	줘	줴	쥐	즤
ㅊ (ch/tʃ)	채	챼	체	쳬	촤	쵀	최	춰	췌	취	츼
ㅋ (k)	캐	컈	케	켸	콰	쾌	쾨	쿼	퀘	퀴	킈
ㅌ (t)	태	턔	테	톄	톼	퇘	퇴	퉈	퉤	튀	틔
ㅍ (p)	패	퍠	페	폐	퐈	퐤	푀	풔	풰	퓌	픠
ㅎ (h)	해	햬	헤	혜	화	홰	회	훠	훼	휘	희

6. 겹자음(キョンチョウン)＋모음(モウン)(濃音＋母音)

	ㄲ (gg)	ㄸ (dd)	ㅃ (bb)	ㅆ (ss)	ㅉ (jj)
ㅏ (a)	까	따	빠	싸	짜
ㅑ (ya)	꺄	땨	뺘	쌰	쨔
ㅓ (ɔ)	꺼	떠	뻐	써	쩌
ㅕ (yɔ)	껴	뗘	뼈	쎠	쪄
ㅗ (o)	꼬	또	뽀	쏘	쪼
ㅛ (yo)	꾜	뚀	뾰	쑈	쬬
ㅜ (u)	꾸	뚜	뿌	쑤	쭈
ㅠ (yu)	뀨	뜌	쀼	쓔	쮸
ㅡ (ū)	꾸	뜨	쁘	쓰	쯔
ㅣ (i)	끼	띠	삐	씨	찌

제2장

ハングル　スーギ
한글 쓰기

(ハングルの書き方)

モウン スーギ
1. 모음 쓰기(母音の書き) 1

ㅏ 아(a)	ㅏ					
	아					
ㅑ 야(ya)	ㅑ					
	야					
ㅓ 어(ɔ)	ㅓ					
	어					
ㅕ 여(yɔ)	ㅕ					
	여					
ㅗ 오(o)	ㅗ					
	오					
ㅛ 요(yo)	ㅛ					
	요					
ㅜ 우(u)	ㅜ					
	우					
ㅠ 유(yu)	ㅠ					
	유					
ㅡ 으(ū)	ㅡ					
	으					
ㅣ 이(i)	ㅣ					
	이					

2. 모음 쓰기(母音の書き) 2

(モウン スーギ)

모음						
ㅐ 애(æ)	ㅐ					
	애					
ㅒ 얘(yae)	ㅒ					
	얘					
ㅔ 에(e)	ㅔ					
	에					
ㅖ 예(ye)	ㅖ					
	예					
ㅘ 와(wa)	ㅘ					
	와					
ㅙ 왜(wae)	ㅙ					
	왜					
ㅚ 외(oe)	ㅚ					
	외					
ㅝ 워(wo)	ㅝ					
	워					
ㅞ 웨(we)	ㅞ					
	웨					
ㅟ 위(wi)	ㅟ					
	위					
ㅢ 의(ui)	ㅢ					
	의					

ヂャウン　スーギ

3. 자음 쓰기(子音の書き)

ㄱ (g)	ㄱ					
	가					
ㄴ (n)	ㄴ					
	나					
ㄷ (d,t)	ㄷ					
	다					
ㄹ (r,l)	ㄹ					
	라					
ㅁ (m)	ㅁ					
	마					
ㅂ (b,p)	ㅂ					
	바					
ㅅ (s)	ㅅ					
	사					
ㅇ (ng)	ㅇ					
	아					

ㅈ (j)	ㅈ					
	자					
ㅊ (ch)	ㅊ					
	차					
ㅋ (k)	ㅋ					
	카					
ㅌ (t)	ㅌ					
	타					
ㅍ (p)	ㅍ					
	파					
ㅎ (h)	ㅎ					
	하					

ヂャウン　モウン　スーギ

4. 자음・모음 쓰기(子音・母音の書き)

ガ	ナ	ダ	ラ	マ	バ	ザ	ア	ヂャ	チャ
가	**나**	**다**	**라**	**마**	**바**	**사**	**아**	**자**	**차**
가	나	다	라	마	바	사	아	자	차

ガ	タ	パ	ハ	ガ	ダ	バ	ザ	ゲャ
카	**타**	**파**	**하**	**까**	**따**	**빠**	**싸**	**짜**
카	타	파	하	까	따	빠	싸	짜

ガ	キャ	コ	キョ	コ	キョ	ク	キュ	ク	キ
가	갸	거	겨	고	교	구	규	그	기

ナ	ニャ	ノ	ニョ	ノ	ニョ	ヌ	ニュ	ヌ	ニ
나	**냐**	**너**	**녀**	**노**	**뇨**	**누**	**뉴**	**느**	**니**
나	냐	너	녀	노	뇨	누	뉴	느	니

ダ	ティャ	ト	ティョ	ト	ティョ	トゥ	ドゥ	トゥ	ティ
다	댜	더	뎌	도	됴	두	듀	드	디
다	댜	더	뎌	도	됴	두	듀	드	디

ラ	リャ	ロ	リョ	ロ	リョ	ル	リュ	ル	リ
라	랴	러	려	로	료	루	류	르	리
라	랴	러	려	로	료	루	류	르	리

マ	ミャ	モ	ミョ	モ	ミョ	ム	ミュ	ム	ミ
마	먀	머	며	모	묘	무	뮤	므	미
마	먀	머	며	모	묘	무	뮤	므	미

バ	ピャ	ポ	ピョ	ポ	ピョ	プ	ピュ	プ	ピ
바	뱌	버	벼	보	뵤	부	뷰	브	비
바	뱌	버	벼	보	뵤	부	뷰	브	비

ザ	シャ	ソ	ショ	ソ	ショ	ス	シュ	ス	シ
사	샤	서	셔	소	쇼	수	슈	스	시
사	샤	서	셔	소	쇼	수	슈	스	시

ア	ヤ	オ	ヨ	オ	ヨ	ウ	ユ	ウ	イ
아	야	어	여	오	요	우	유	으	이
아	야	어	여	오	요	우	유	으	이

ヂャ	ヂャ	ヂョ	ヂョ	ヂョ	ヂョ	ヂュ	ヂュ	ヂュ	ヂ
자	쟈	저	져	조	죠	주	쥬	즈	지
자	쟈	저	져	조	죠	주	쥬	즈	지

チャ	チャ	チョ	チョ	チョ	チョ	チュ	チュ	チュ	チ
차	챠	처	쳐	초	쵸	추	츄	츠	치
차	챠	처	쳐	초	쵸	추	츄	츠	치

カ	キャ	コ	キョ	コ	キョ	ク	キュ	ク	キ
카	캬	커	켜	코	쿄	쿠	큐	크	키
카	캬	커	켜	코	쿄	쿠	큐	크	키

タ	ティャ	ト	ティョ	ト	ティョ	トゥ	ティュ	トゥ	ティ
타	탸	터	텨	토	툐	투	튜	트	티
타	탸	터	텨	토	툐	투	튜	트	티

パ	ピャ	ポ	ピョ	ポ	ピョ	プ	ピュ	プ	ピ
파	퍄	퍼	펴	포	표	푸	퓨	프	피
파	퍄	퍼	펴	포	표	푸	퓨	프	피

ハ	ヒャ	ホ	ヒョ	ホ	ヒョ	フ	ヒュ	フ	ヒ
하	햐	허	혀	호	효	후	휴	흐	히
하	햐	허	혀	호	효	후	휴	흐	히

ガ	キャ	コ	キョ	コョ	キョ	ク	キュ	ク	キ
까	꺄	꺼	껴	꼬	꾜	꾸	뀨	끄	끼
까	꺄	꺼	껴	꼬	꾜	꾸	뀨	끄	끼

ダ	ティャ	ド	ティョ	ド	ティョ	トゥ	テュ	トゥ	ティ
따	땨	떠	뗘	또	뚀	뚜	뜌	뜨	띠
따	땨	떠	뗘	또	뚀	뚜	뜌	뜨	띠

バ	ピャ	ポ	ピョ	ポ	ピョ	プ	ピュ	プ	ピ
빠	뺘	뻐	뼈	뽀	뾰	뿌	쀼	쁘	삐
빠	뺘	뻐	뼈	뽀	뾰	뿌	쀼	쁘	삐

ザ	シャ	ソ	ショ	ソ	ショ	ス	シュ	ス	シ
싸	쌰	써	쎠	쏘	쑈	쑤	쓔	쓰	씨
싸	쌰	써	쎠	쏘	쑈	쑤	쓔	쓰	씨

ヂャ	チャ	チョ	チョ	チョ	チョ	チュ	チュ	チュ	チ
짜	**쨔**	**쩌**	**쪄**	**쪼**	**쬬**	**쭈**	**쮸**	**쯔**	**찌**
짜	쨔	쩌	쪄	쪼	쬬	쭈	쮸	쯔	찌

제3장

タンオ イッヒーギ

단어 익히기

(単語練習)

タンモウン イッヒーギ
1. 단모음 익히기(単母音 練習)

아 (a/ア)	아	아		
어 (ɔ/オ)	어	어		
오 (o/オ)	오	오		
우 (u/ウ)	우	우		
으 (ū/ウ)	으	으		
이 (i/イ)	이	이		

- **아이**(ai/アイ) 子供
- **오이**(oi/オイ) きゅうり
- **우유**(uyu/ウユ) 牛乳
- **이사**(isa/イサ) 引っ越し
- **가구**(gagu/カグ) 家具
- **하나**(hana/ハナ) 一つ
- **가수**(gasu/カス) 歌手
- **나**(na/ナ) ぼく，わたし
- **노래**(noræ/ノレ) 歌
- **도구**(dogu/ドグ) 道具
- **도시**(doʃi/ドシ) 都市
- **부부**(bubu/ブブ) 夫婦
- **우리**(uri/ウリ) ぼくたち
- **머리**(mɔri/モリ) 頭

- **소비**(sobi/ソビ) 消費
- **모자**(moja/モジャ) 帽子
- **자리**(ʧari/ジャリ) 席
- **어머니**(ɔmɔni/オモニ) 母
- **솥**(sɔt/ソッ) 釜
- **허리**(hɔri/ホリ) 腰
- **아버지**(abɔji/アボジ) 父
- **주소**(juso/チュソ) 住所
- **트리오**(tūrio/トゥリオ) トリオ
- **바다**(bada/バダ) 海
- **수도**(sudo/スド) 首都, 水道

단어				
아이 子供(アイ)	아이	아이		
오이 きゅうり(オイ)	오이	오이		
우유 牛乳(ウユ)	우유	우유		
이사 引っ越し(イサ)	이사	이사		
가구 家具(ガグ)	가구	가구		
하나 一つ(ハナ)	하나	하나		
가수 歌手(カス)	가수	가수		

단어				
나 わたし、 ぼく(ナ)	나	나		
노래 歌(ノレ)	노래	노래		
도구 道具(ドグ)	도구	도구		
도시 都市(ドシ)	도시	도시		
부부 夫婦(ブブ)	부부	부부		
우리 ぼくたち(ウリ)	우리	우리		
머리 頭(モリ)	머리	머리		

단어	쓰기	따라 쓰기		
소비 消費(ソビ)	소비	소비		
모자 帽子(モジャ)	모자	모자		
자리 席(ジャリ)	자리	자리		
어머니 母(オモニ)	어머니	어머니		
솥 釜(ソッ)	솥	솥		
허리 腰(ホリ)	허리	허리		
아버지 父(アボジ)	아버지	아버지		

주소 住所(ジュソ)	주소	주소		
트리오 トリオ(トゥリオ)	트리오	트리오		
바다 海(バダ)	바다	바다		
수도 首都, 水道(スド)	수도	수도		

イヂュンモウン　タンオ　イッヒーギ

2. 이중모음 단어 익히기(二重母音 単語練習) 1

야 (ya/ヤ)	야	야		
여 (yɔ/ヨ)	여	여		
요 (yo/ヨ)	요	요		
유 (yu/ユ)	유	유		
예 (ye/イェ)	예	예		
얘 (yæ/イェ)	얘	얘		

- **요리**(yori/ヨリ) 料理
- **겨우**(gyɔu/キョウ) やっと
- **여자**(yɔja/ヨジャ) 女の人
- **야구**(yagu/ヤグ) 野球
- **벼**(byɔ/ピョ) 稲
- **휴대**(hyudæ/ヒュデ) 携帯
- **교사**(gyosa/キョサ) 教師
- **유리**(yuri/ユリ) がらす
- **혀**(hyɔ/ヒョ) 舌
- **묘사**(myosa/ミョサ) 描写
- **며느리**(myɔnɯri/ミョヌリ) 嫁

단어				
요리 料理(ヨリ)	요리	요리		
겨우 やっと(キョウ)	겨우	겨우		
여자 女の人(ヨジャ)	여자	여자		
야구 野球(ヤグ)	야구	야구		
벼 稲(ピョ)	벼	벼		
휴대 携帯(ヒュデ)	휴대	휴대		

단어				
교사 教師(キョサ)	교사	교사		
유리 ガラす(ユリ)	유리	유리		
혀 舌(ヒョ)	혀	혀		
묘사 描写(ミョサ)	묘사	묘사		
며느리 嫁(ミョヌリ)	며느리	며느리		

イヂュンモウン ダンオ イッヒーギ

3. 이중모음 단어 익히기(二重母音 単語練習) 2

와 (wa/ワ)	와	와		
위 (wi/ウィ)	위	위		
왜 (wæ/ウェ)	왜	왜		
웨 (we/ウェ)	웨	웨		
외 (we/ウェ)	외	외		
워 (wɔ/ウォ)	워	워		
의 (wi/ウィ)	의	의		

- **뒤**(dwi/トゥィ) 後ろ
- **귀**(gwi/クィ) 耳
- **뭐**(mwɔ/ムォ) 何
- **돼지**(dwɛji/トゥィジ) 豚
- **과거**(gwagɔ/クヮゴ) 過去
- **위**(wi/ウィ) 上
- **의자**(ɯidʒa/ウィジャ) 椅子
- **왜**(wæ/ウェ) なぜ
- **화가**(hwaga/ファガ) 画家
- **쥐**(jwi/チュィ) ねずみ

뒤 後ろ(トゥィ)	뒤	뒤		
귀 耳(クイ)	귀	귀		
뭐 何(ムォ)	뭐	뭐		
돼지 豚(トゥィジ)	돼지	돼지		
과거 過去(クヮゴ)	과거	과거		
위 上(ウィ)	위	위		

<table>
<tr><td rowspan="2">의자
椅子(ウィジャ)</td><td>의자</td><td>의자</td><td></td><td></td></tr>
<tr><td></td><td></td><td></td><td></td></tr>
<tr><td rowspan="2">왜
なぜ(ウェ)</td><td>왜</td><td>왜</td><td></td><td></td></tr>
<tr><td></td><td></td><td></td><td></td></tr>
<tr><td rowspan="2">화가
画家(ファガ)</td><td>화가</td><td>화가</td><td></td><td></td></tr>
<tr><td></td><td></td><td></td><td></td></tr>
<tr><td rowspan="2">쥐
ねずみ(チュィ)</td><td>쥐</td><td>쥐</td><td></td><td></td></tr>
<tr><td></td><td></td><td></td><td></td></tr>
</table>

バッチム　インタン　ダンオ　イッヒーギ

4. 받침 있는 단어 익히기(バッチム単語練習)

- 국(goog/グッ) スープ
- 부엌(booɔok/ブーオク) 台所
- 밖(bak/バッ) 外
- 닫다(dadda/ダッダ) 閉める
- 밭(bat/ベッ) 畑
- 옷(oct/オッ) 服
- 있다(itta/イッダ) ある・いる
- 낮(nat/ナッ) 昼
- 꽃(got/ゴッ) 花
- 좋다(joda/チョッダ) よい
- 넋(nuk/ノッ) たましい
- 값(gap/ガッ) 値段
- 앉다(anda/アンダ) 座る
- 많다(manda/マンダ) 多い
- 넓다(nulda/ノルダ) 広い

- **돌**(dol/トル) 1周年
- **핥다**(hatda/ハルダ) なめる
- **잃다**(ilda/イルダ) なくす
- **닭**(dak/ダッ) にわとり
- **젊다**(jɔmda/チョンダ) 若い
- **밟다**(balda/ペルダ) 踏む

국 スープ(グッ)	국			
부엌 台所(ブーオク)	부엌			
밖 外(バッ)	밖			
닫다 閉める(ダッダ)	닫다			
밭 畑(バッ)	밭			
옷 服(オッ)	옷			
있다 ある・いる(イッダ)	있다			
낮 昼(ナッ)	낮			
꽃 花(ゴッ)	꽃			
좋다 よい(ジョッダ)	좋다			

넋 たましい(ノッ)	넋			
값 値段(ガッ)	값			
앉다 座る(アンダ)	앉다			
많다 多い(マンダ)	많다			
넓다 広い(ノルダ)	넓다			
돌 1周年(トル)	돌			
핥다 なめる(ハルダ)	핥다			
잃다 なくす(イルダ)	잃다			
닭 にわとり(ダッ)	닭			
젊다 若い(ヂョンダ)	젊다			
밟다 踏む(パルダ)	밟다			

제4장

ギボンピョーヒョン

기본표현

(基本表現)

1. 기본표현キボンピョーヒョン(基本表現)

안녕하세요?(안녕하십니까?)
アンニョンハセヨ(アンニョンハシムニカ)

こんにちは、おはようございます、ごんばんは。

안녕히 가세요.
アンニョンヒ カセヨ(行く人に對して)

안녕히 계세요.
アンニョンヒ ケセヨ(殘る人に對して)

さようなら。

안녕./잘가.
アンニョン/チャルガ(友人関係で使う)

고맙습니다./감사합니다.
ゴマッスムニダ/ガムサハムニダ

ありがとう。

네./아뇨.
ネー/ アニョ

はい。/いいえ。

좋아요.(좋습니다.)
チョアヨ(チョッスムニダ)

いいです。

안 돼요.(안 됩니다.)
アンデヨ(アンデミダ)

だめです。

있어요.(있습니다.)
イッソヨ(イッスムニダ)

ありります。

없어요.(없습니다.)
オプソヨ(オプスムニダ)

ないです。

처음 뵙겠습니다.
チョウム ベッゲッスムニダ

はじめまして。(はじめてお目にかかります。)

여보세요.
ヨボセヨ

もしもし。(ちょっと、すみません。)

미안합니다.
ミアナミダ

すみません。

괜찮아요.
ケンチャナヨ

大丈夫です。結構です。

～해도 괜찮아요.(좋아요?)
～ヘド ケンチャナヨ(チョアヨ)

～してもよいですか。

～하고 싶은데요.
～ハゴシップデヨ

～したいのですが。

얼마예요?(얼마입니까?)
オルマエヨ (オルマイムニカ)

いくらですか。

주세요. / ~해 주세요. **チュウセヨ/~へ チュセヨ**	下さい/~してください。
~합시다. **ハプシダ**	~しましょう。
필요 없어요. **ピリョ オプソヨ**	要りません。
이것 뭐에요?/ ~예요. **イゴ ムォエヨ/ ~エヨ**	これは何ですか。/~です。
~은 어디예요? **~ン オディエヨ**	~はどこですか。
어디에 있어요? **オディエ イッソヨ**	とこにありますか。 **('~は' '~が' または助動なしでも通じます)**
아세요(아십니까?)/알았습니까? **アセヨ(アシムニカ)/ アラッスムニカ**	わかりますか。/わかりましたか。
도와 주세요. **ドワ チュセヨ**	手伝ってください。

2. 아침인사アチムインサ(朝のあいさつ)

○ 집에서(家庭では)

잘 잤어요? よく寝ましたか。

チャル チャッソヨ

잘 주무셨습니까?

チャル チュムショッスムニカ

일어났어요?/일어나셨습니까? 起きましたか。

イロナッソヨ/ イロナショッスムニカ

○ 직장에서(職場では)

나오셨습니까? 出て来られましたか。

ナオショッスミカ

좋은 아침입니다. 良い朝ですね。

ジョゥンアチムニダ

○ 기타(その他)

아침식사 하셨어요? 朝ごはん食べられましたか。

アチムシクサ ハショッソヨ

진지 드셨어요?　　ご飯召し上がりましたか。

チンジ トゥショッソヨ

3. 헤어질 때 인사ヘーオチル テインサ(別れのあいさついろいろ)

건강하세요. 健康で(お過ごしください)。
コンガンハセヨ

잘 지내세요. お元気でお過ごしください。
チャル チネセヨ

몸 조심하세요. 体に気を付けて。
モム チョシムハセヨ

또 만나요. またお会いしましょう。
ト マンナヨ

또 오세요. また来てください。
ト オセヨ

또 올게요. また来ます。
ト オルケヨ

4. 감사인사カムサインサ(お礼の言葉いろいろ)

고마웠습니다. **コマウォッスムニダ**	ありがこうございます。
감사했습니다. **カムサヘッスムニダ**	
수고하세요. **スゴハセヨ**	ご苦労さまです。
수고하셨습니다. **スゴハショッスムニダ**	ご苦労様でした。
신세 많이 졌습니다. **シンセマニジョッスムニダ**	お世話になりました。
덕분에 **ドッブネ**	おかげさまで
잘 지냈습니다. **チャル チネッスムニダ**	楽しく過ごしました。

5. 감사의 답례カムサ ウォタンレ(お礼を言われた時は)

천만에요. どういたしまして。

チョンマネヨ

6. 대답テーダッ(返事のいろいろ)

예. はい。

イェー(ネーより少しかたい感じがします)

그렇습니다. そうです。

グロッスムニダ

아니에요.(아닙니다.) 違います。

アニエヨ(アニムニダ)

7. 첫대면 인사チョテミョンインサ(初めての挨拶いろいろ)

반갑습니다. (お会いできて)うれしいです。
パンかップスムニダ

잘 부탁합니다. よろしくお願いします。
チャル プッカカムニダ

잘 오셨습니다. よくいらっしゃいました。
チャル オショッスムニダ

8. 말을 걸 때マウ ルクルテ(声をかけるとき)

잠깐만요.
チャンカンマンヨ
ちょっと。

여기요. / 저기요.
ヨギヨ / チヨギヨ
こちら。/あちら。(お願いします。)

미안하지만.
ミアナジマン
すみんせんが。

9. 용서를 구할 때ヨンソルクハルテ(わびる言葉のいろいろ)

실례했습니다. **シッレ(失禮)ヘッスムニダ**	失礼しました。
정말 죄송합니다. **ジョンマルチェソンハムニダ** **(とても丁寧な言い方)**	本当に申し訳ありません。
용서해 주세요. **ヨンソヘ チュセヨ**	許してください。

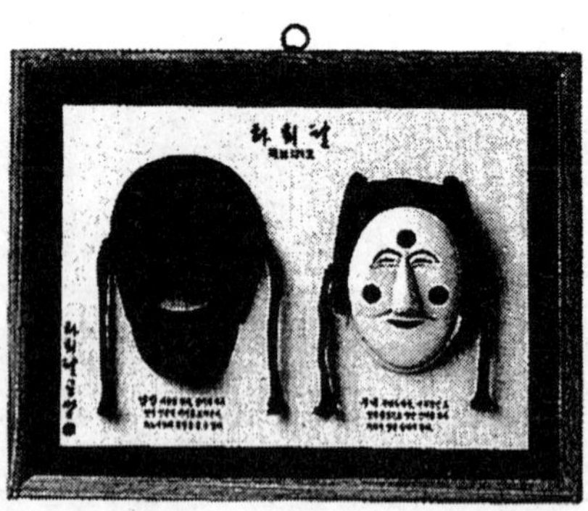

10. 용서의 답례어ヨンソウォタンレオ(お許すに対する返礼語)

괜찮습니다. 大丈夫です。

ゲンチャンスムニダ(丁寧な表現)

괜찮습니까? 大丈夫ですか。

ケンチャンスムニカ(丁寧な疑問形)

○숫자표현(数字)

일	이	삼	사	오	육	칠	팔	구
イル	イー	サム	サー	オー	リュッ(ユッ)	チル	パル	ク
1	2	3	4	5	6	7	8	9

십	백	천	만	이십	삼십사	오백구십
シップ	ペク	チョン	マン	イーシップ	サムシップサ	オーベク クシップ
10	百	千	万	20	34	590

○돈・화폐 헤아리는 법(お金・貨幣の数える方)

백 원	천 원	만 원	삼만오천육백 원
ペグォン	チョノン	マノン	サマン オーチョン ユッペグォン
百ウォン	千ウォン	万ウォン	3万5千6百ウォン

11. 거절할 때 표현コチョルハテピョーヒョン(断りかたいろいろ)

싫어요.
シロヨ
嫌よ。

하지 마세요.
ハジ マセヨ
しないでください。

그만하세요.
グマハセヨ
止めてください。

○ 지시어(指示語)

이○○	**그**○○	**저**○○	**어느**○○
イ○○	ク○○	チョ○○	オヌ○○
この○○	その○○	あの○○	どの○○

12. 물음에 답하는 법 ムルウムェタッハーヌンポプ

(質問に対する答え方)

알아요.(압니다.)
アラヨ(アムニダ)

わかります。(そのことについて既に知っています。)

알았어요.(알았습니다.)
アラッソヨ(アラッスムニダ)

わかりました。(相手の言うことが理解できだ。)

몰라요.(모르겠습니다.)
モッラヨ(モルゲッスムニダ)

わかりません。

13. 부탁, 도움을 청하는 말 ブタトウムウルチョンハーヌンマル(困った時の頼み方)

부탁합니다. お願いします。
ブッタクカムニダ

살려 주세요. 助けてください。
サッリョ チュセヨ
(かなり深刻な問題を頼む時によくつかいます)

길 잃었어요. 道に迷いました。
キル イロッソヨ

(미아가 됐어요.) (迷子になりました。)
(ミアガ テッソヨ)

몸이 아파요. 具合いが悪いです。
モミ アパヨ

(배가, 머리가, 이가) (お腹が、頭が、歯が)
(ペガ, モリガ, イガ)

경찰(앰뷸런스)을 警察(救急車)を
キョンチャ(エンブロンス)ル

불러 주세요. 呼んでください。
プッロ チュセヨ

14. 기타ギッタ(いろいろな言い方)

맛있어요./맛이 없어요.	味があります。→おいしい。
マシィソヨ/ マシオプソヨ	味がありません。→おいしくない

第2부

한국생활

(ハンクッセンファル)

제5장

チャギソゲ 자기소개

(自己紹介)

1. 인사インサ(挨拶)

안녕하세요?
アンニョンハセヨ

こんにちは。

처음 뵙겠습니다.
チョウム ベッケッスムニダ

初めてお目にかかります。

저는 야마다라고 합니다.
チョヌン ヤマダラゴ ハムニダ

私は山田と申します。

일본에서 왔습니다.
イルボネソ ワッスムニダ

日本からきました。

만나서 반갑습니다.
マンナソ パンガッスムニダ

お会いできて嬉しいです。

잘 부탁합니다.
チャル ブッタカムニダ

宜しくお願いいたします。

일본사람입니까? 日本の人ですか。

イルボン サラミイムニカ

네, 일본사람이에요. はい、日本人です。

ネー、イルボンサラミエヨ

役にたつ表現

人を名前で呼ぶ時はフルネームで

日本語の「～さん」にあたるのが「～씨(シ)」ですが、必ずフルネームにつけます。ただ親しくなったら、태훈씨(テフソシ)というふうに下の名前にだけつけて相手に親近感をこめることはできます。また、外国人の名前の場合、名字だけでも最小２音節以上なので、名字にだけ～씨をつけてもかまいません。

名前の尋ねる方

人の名前を聞く時は「이름이　무엇입니까?(イルミムオシムニカ/お名前は何ですか)」でも間違ってはいないのですが、それだと最初面や年配の人、目上の人には失礼です。その時は、이름(イルム)の敬語である성함(ソンハム)を使って、「성함이 어떻게 되세요?(ソンハミオトッケテセヨ)」と尋ねましょう。

이름은 무엇입니까?
イルムン ムオシムニカ
お名前は何ですか。

야마구치 아키코예요.
ヤマグチ アキコエヨ
山口 明子です。

저는 박 소민입니다.
チョヌン バク ソミンイムニダ
私はバクソミンです。

한자로 어떻게 써요?
ハンチャロ オットケ ソヨ
漢字でどう書きますか。

朴 昭 玟이라고 씁니다.
朴昭玟イラゴ スムニダ
朴 昭 玟と書きます。

어떻게 부르면 좋아요?
オットケ ブルミョン チョアヨ
どう呼べばいいですか。

박 소민씨라고 부르면 돼요?
バク ソミンシラゴ ブルミョン テヨ
バクソミンと呼べばいいですか。

소민이라고 불러 주세요.
ソミンイラゴ ブッロ チュセヨ
ソミンと呼んでください。

그럼 저도 아키코라고 それでは私もアキコと
クロム チョト アキコラゴ

불러 주세요. 呼んでください。
プッロ チュセヨ

아키코는 한국말로 어떻게 明子は韓国語でどう発音
アキコヌン ハングッマルロ オトッ

발음해요? しますか。
バルムヘヨ

'명자'예요. 明子です。
'ミョンザ'イエヨ

아주 예쁜 이름이네요. とても 奇麗な名前ですね。
アジュ イェップン イルミネヨ

무슨 일 하세요?
ムスン イル ハセヨ
どんな仕事をしていますか。

아직 학생입니다.
アジッ ハクセンイムニダ
まだ学生です。

유학생입니까?
ユハクセンイムニカ
留学生ですか。

네, 그렇습니다.
ネー、クロッスムニダ
はい、そうです。

어느 학교입니까?
オヌ ハッキョイムニカ
どちらの学校ですか。

서울대학입니다.
ソウルテハギエヨ
ソウル大学です。

어디에 있습니까?
オディエイッスムニか
どこにありますか。

신림동입니다.
シンリムトンニムニダ
新林洞です。

무슨 공부하세요?
ムスン コンブハセヨ
何を勉強しているのですか。

한국어 공부하고 있어요.
ハングゴ コンブハゴ イッソヨ
韓国語を勉強しています。

練習単語

직업 職業

회 사 원 フェサウォン	会社員	기 자 キジャ	記者
교 사 キョサ	教師	기 술 자 キスルチャ	技術者
공 무 원 コンムウォン	公務員	농 업 ノンオップ	農業
은 행 원 ウンヘンォン	銀行員	경 영 자 キョンヨンジャ	経営者
의 사 ウィサ	医者	프리랜서 プリレンソ	自由業
간 호 사 カノサ	看護婦	주 부 チュブ	主婦

학교 学校

초등학교 チョドゥン ハッキョ	小学校	중 학 교 チュンハッキョ	中学校
고등학교 コドゥン ハッキョ	高 校	대 학 교 テハッキョ	大学校
어 학 당 オハッダン	語学学校	대 학 원 テハグォン	大学院
학 원 ハグオン	塾		

의문사疑問詞

무엇 ムオッ	何、何か	어디 オディ	どこ、どこか
누구 ヌグ	誰、誰か	누가 ヌガ	誰が
어떻게 オットケ	どのように	어떤 オットン	どんな、ある
어느 オヌ	どの、ある	몇 メッ	いくつ、いくつか
언제 オンジェ	いつ、いつか	왜 ウェ	なぜ
무슨 ムスン	何の、何か	얼마 オルマ	いくら

취미趣味

여행 ヨヘン	旅行	영화 ヨンファ	映画	연극 ヨングッ	演劇
책 チェッ	本	만화 マンファ	漫画	등산 トウンサン	登山
가수 カス	歌手	배우 ベウ	俳優	선수 ソンス	選手

전공専攻

일 본 어 イルボノ	日本語	컴 퓨 터 コンピュウト	コンピュータ
역 사 ヨクサ	歴 史	디 자 인 ディジャイン	デザイン
정 치 학 チョンチハッ	政 治 学		

한국어(일본어) 잘 하네요.
ハングゴ(イルボノ)チャル ハネヨ

韓国語(日本語)お上手ですね。

아뇨, 아직 잘 못해요.
アニョ、 アジッ チャル モッテヨ

いいえ、まだ下手です。

지금 배우고 있어요.
チグム ベウゴ イッソヨ

今、習っています。

저도 공부하고 있어요.
チョド コンブハゴ イッソヨ

私も勉強しています。

한국어를 가르쳐 주세요.
ハングゴルル カルチョ チュセヨ

韓国語を教えてください。

저에게는 일본어를 가르쳐 私に日本語を教えてください。
チョエゲヌン イルボンノルル カルチョ

주세요.
チュセヨ

韓国事情

学生街の安食堂「粉食店」

韓国には焼肉店や伝統家庭料理のレストランなどさまざまな食堂がありますが、その中で、学生街でもっとも人気のある食堂が簡単で安く食べられる粉食店(분식점/ブンシクチョム)です。분식점はラーメン(라면/ラーメヨン→韓国のラーメンは全部インスタントラーメンなどの麺類、トクポクキ(떡볶기/トクポクキ→うるち米粉の餅と野菜をコチュウジャンと砂糖で甘辛く炒めたもの)などが主なメニューですが、基本的にご飯物ももちろんあります。

役にたつ表現

:: 役に立つ表現ーあいさつ

1) 안녕하세요? [アンニョンハセヨ] こんにちは
2) 안녕히 가세요. [アンニョンヒガセヨ] さようなら
3) 안녕? [アンニョン] 元気
4) 안녕. [アンニョン] じゃあね
5) 잘 가. [チャルガ] バイバイ
6) 잘 자. [チャルジャ] おやすみ
7) 다녀오겠습니다. [タニョオゲッスムニダ] 行って来ます
8) 다녀왔습니다. [タニョワッスムニダ] ただいま
9) 다녀오세요. [タニョオセヨ] 行ってらっしゃい
10) 수고하셨습니다. [スゴハショッスムニダ] お疲れさまでした
11) 안녕히 주무세요. [アンニョンヒジュウムセヨ] おやすみなさい

2. 가족カジョク(家族)

어디서 왔어요?
オディソ ワッソヨ?

どちらからいらっしゃいましたか

일본 벳푸입니다.
イルボン ベップイムニダ

日本の別府です。

언제 한국에 왔어요
オンジェ ハングゲ ワッソヨ

いつ韓国に来たのですか。

지난달이에요.
チナンダリエヨ

先月です。

(어제, 그저께, 지난주)
(オジェ、 グジョケ、 チナンジュ)

(昨日、 おととい、 先週)

말을 잘 몰라서. 言葉がよくわかりませんので。
マルル チャル モッラソ

곤란한 일이 있었어요. 困った事がありました。
コッラナン イリ イッソッソヨ

지금은 한국에 익숙해졌어요? 今は韓国に慣れましたか。
チクムオンハングゲ イクスッケジョッソヨ

많이 익숙해졌어요. だいぶ慣れました。
マーニ イクスッケジョッソヨ

그리고 지금은 슈퍼에서 뭐든지 そして今はスーパーで何でも
グリゴ チグムン スポエソ モドゥンジ

살 수 있어 괜찮아요. 買えますので十分です。
サル ス イッソ ゲンチャナヨ

여기는 일본보다 물가가 싸네요. ここは日本より物価が安いですね。
ヨキヌンイルボンボダ ムルカガ サネヨ

韓国事情

公衆電話(공중전화/コンジュンジョナ)は3分当たり40ウォンです。テレホンカードはバス停そばの売店などどこでも売っているので購入も大変便利です。韓国から日本への国際電話はまず、001か、002を押した後、日本の国番号81→0を抜いた地域番号→相手の電話番号の順に押します。現在、韓国の公衆電話はほとんどが国内・国際兼用電話になっており、街の至る所にありますので、とても便利です。

특히 동경에 비한다면　　特に東京と比べるとそうですね。
トゥッキ トンギョンエ ビハンダミョン

그래요.
クレヨ

어디에 살고 있어요?　　どちらにお住まいですか。
オディエ サルゴ イッソヨ

지금은 서울에 살고 있어요.　　今はソウルに住んでいます。
チグムン ソウレ サルゴ イッソヨ

서울 어딥니까?　　ソウルのどこですか。
ソウル オディムニカ?

강남입니다.　　江南です。
カンナミムニダ

韓国事情

ソウルのショッピングスポット

ソウルの有名なショッピングタウンはそれぞれ特徴がありますので、何を買うかによって行き先を決めた方がいいと思います。　服や靴、アクセサリーなど身につけるものは、デパートの集まっている明洞(명동/ミョンドン)、安さと品揃え豊富さで有名な東大門(동대문/トンデムン)や若者ファッションの中心地である압구정동(アプクジョンドン)、신촌(シンチョン)などがいいでしょう。「韓国のアメリカ」といわれる梨泰院(이태원/イテウォン)はアメリカ的な雰囲気の漂うショッピング・ストリートとして、皮製品で有名です。仁寺洞(인사동/インサドン)は韓国の古美術、骨董品、陶磁器などで有名です。特に、仁寺洞は韓国伝統茶店や民族酒場が集まってます。

회사는 가까워요?　　会社は近いですか。
フェサヌン カッカウォヨ?

조금 멀어요.　　少し遠いです。
チョグム モロヨ

어느 정도 걸립니까?　　どのくらいかかりますか。
オヌ チョンド コッリムニカ

집에서 삼십분 정도입니다.　　家から30分ぐらいです。
チベソ サムシップン チョンドイムニダ

별로 멀지 않네요.　　それ程遠くないですね。
ビョッロ モルジ アンネヨ

가족도 같이 있어요?　　ご家族も一緒ですか。
カジョクド カチ イッソヨ。

네, 그렇습니다.　　はい、そうです。
ネー、クロッスムニダ

가족은 몇 명입니까?　　ご家族は何人ですか。
カジョグン ミョッミョンイムニカ?

아내와 아이가 둘입니다.　　妻と子供2人です。
アネワ アイガ トゥリムニダ

(남자 하나, 여자 하나) (男の子1人、 女の子1人)
(ナムジャ ハナ、 ヨジャ ハナ)

모두 네명입니다. 全部で4人です。
モドゥ ネーミョンイムニダ

나이는 몇 살이에요? お年はいくつですか。
ナイヌン ミョッサリエヨ

서른 다섯 살입니다. 35歳です。
ソルン タソッサルイムニダ

부모님은 안녕하세요? ご両親はお元気ですか。
ブモニムン アンニョンハセヨ?

네, 두분 다 건강하세요. はい、2人とも元気です。
ネー、トゥブン タ コンガンハセヨ

지금은 어디에 사십니까? 今はどこにお住まいですか。
チグムン オディエ サシムニカ?

부산에 계십니다. 釜山にいます。
プサンエ ケシムニダ

형제는 있어요? ご兄弟はいますか。
ヒョンジェヌン イッソヨ?

동생이 하나 있어요.
トンセンイ ハナ イッソヨ

弟が1人います。

함께 사십니까?
ハムケ サシムニカ

一緒にお住まいですか。

네, 그래요.
ネー、クレヨ。

はい、そうです。

동생은 결혼했습니까?
トンセンウン キョロネッスムニカ

弟さんは結婚していますか。

아뇨, 아직 독신입니다.
アニョ、 アジッ トクシニムニダ

いいえ、まだ独身です。

하지만 애인이 있습니다.
ハチマン エイニ イッスムニダ

でも恋人がいます。

내년에 결혼합니다.
ネニョネ キョロンハムニダ

来年結婚します。

결혼하면 따로 사세요?
キョロンハミョン タロ サセヨ?

結婚したら別に住みますか。

네, 그렇지만 가까이에 삽니다.
ネー、クロッチマン カッカイエ サムニダ

はい、しかしながら近くに住みます。

부모님과 함께 살지 않습니까?
プモニムグァ ハムケ サルジ アンスムニカ

親と一緒に住まないのですか。

네, 대부분 요즘 그렇습니다.
ネ、テェブブン　ヨジュム クロッスムニダ

はい、たいたいこの頃はそうですね。

役にたつ表現

:: **家族の呼称**

韓国では身内だとしても目上の人のことを人に言う時、常に敬体を用います。「아버지」(アポジ/父)を「아버님」(アボニム/お父様)と、「어머니」(オモに/母)を「어머님」(オモニム/お母様)というのです。

また、性別によって兄弟同士の名称が違います。

兄のことを弟は형(ヒョン)、妹は오빠(オパ)。姉のことを弟は누나(ヌナ)、妹は언니(オンニ)。下の兄弟は동생(トンセン)といいますが、性を区別する場合、弟は남동생(ナムドンセン)、妹は여동생(ヨドンセン)といいます。

[人称代名詞]

		一人称	二人称	三人称
単数	普通語	나(ナ)	너(ノ), 당신(タンシン)	그(ク), 그녀(クニョ), 그이(クイ)
	謙譲語	저(チョ)		
複数	普通語	우리(ウリ), 우리들(ウルドゥル)	너희(ノヒ), 당신들(タンシンドゥル)	(그(ク), 그녀(クニョ), 그이(クイドゥ))들(ル)
	謙譲語	저희(チョヒ), 저희들(チョヒドゥル)		

二人称代名詞は目上の人に使えません。また「당신」は人との会話の中で用いられることはあまりなく、主に夫婦間の呼び方として使われたり、その場にいない目上の尊敬する人を指すこともあり、その時の「당신」は三人称になります。

ⓐ 練習単語

나이ナイ(年齢の言い方)

한 살 ハンサル	1歳	스무 살 スムサル	20歳
두 살 トゥサル	2歳	서른 살 ソルンサル	30歳
세 살 セサル	3歳	마흔 살 マフンサル	40歳
네 살 ネサル	4歳	쉰 살 シュィンサル	50歳
다섯 살 タソッサル	5歳	예순 살 イェスンサル	60歳
여섯 살 ヨソッサル	6歳	일흔 살 イルンサル	70歳
일곱 살 イルゴップサル	7歳	여든 살 ヨドゥンサル	80歳
여덟 살 ヨドサル	8歳	아흔 살 アフンサル	90歳
아홉 살 アホップサル	9歳	백 살 ペックサル	100歳
열 살 ヨルサル	10歳		

ⓑ 練習単語

数の数え方

— 漢字語

1	일 イル	2	이 イ	3	삼 サム
4	사 サ	5	오 オ	6	육 ユッ
7	칠 チル	8	팔 バル	9	구 ク
10	십 シッ	100	백 ペッ	1000	천 チョン
10000	만 マン				

— 固有語

1	하나 ハナ	2	둘 トゥル	3	셋 セッ	4	넷 ネッ	5	다섯 タソッ
6	여섯 ヨソッ	7	일곱 イルごッ	8	여덟 ヨドル	9	아홉 アホッ	10	열 ヨル

参考：하나(一つ), 둘(二つ), 셋(三つ), 넷(四つ), 스물(二十)は助数詞がつくと以下のように変化します。

하나 → 한, 둘 → 두, 셋 → 세, 넷 → 네, 스물 → 스무

㉠ 1時 → 한 시, 2時 → 두 시

3時 → 세 시, 4時 → 네 시

ⓒ 練習単語

時間関係の言葉

― 언제(いつ)

<table>
<tr><td>아침(朝)
アチム</td><td>낮(昼)
ナッ</td><td colspan="2">저녁(夕方)
チョニョク</td><td colspan="2">밤(夜)
バム</td></tr>
<tr><td colspan="3">오전(午前)
オジョン</td><td colspan="3">오후(午後)
オフ</td></tr>
<tr><td colspan="2">지난주(先週)
チナンジュ</td><td colspan="2">이번주(今週)
イボンチュ</td><td colspan="2">다음주(来週)
タウムッチュ</td></tr>
<tr><td colspan="2">작년(去年)
チャンニョン</td><td colspan="2">올해/금년(今年)
オレ/クムニョン</td><td colspan="2">다음해/내년(来年)
タウムヘ/ネニョン</td></tr>
<tr><td colspan="2">지난달(先月)
チナンダル</td><td colspan="2">이번달(今月)
イボンタル</td><td colspan="2">다음달(来月)
タウムッタル</td></tr>
<tr><td colspan="2">그제(おととい)
クジェ
그저께
クジョッケ</td><td colspan="2">어제(きのう)
オジェ
어저께
オジョケ</td><td colspan="2">오늘(今日)
オノル</td></tr>
<tr><td colspan="2">내일(明日)
ネイル</td><td colspan="2">모레(明後日)
モレ</td><td colspan="2"></td></tr>
</table>

ⓓ 練習単語

가족(家族)

아버지 アボジ	お父さん (父)	할아버지 ハラボジ	おじいさん (祖父)
어머니 オモニ	お母さん (母)	할머니 ハルモニ	おばあさん (祖母)
형 ヒョン(男が男を呼ぶ時)	お兄さん (兄)	친척 チンチョク	親戚
오빠 オッパ(女が男を呼ぶ時)	お兄さん (兄)	친구 チング	友達
누나 ヌナ(男が女を呼ぶ時)	お姉さん (姉)	애인 エイン	恋人
언니 オンニ(女が女を呼ぶ時)	お姉さん (姉)	아저씨 アジョッシ	おじさん (一般的な意味で)
(남)동생 (ナム)トンセン	弟	아주머니 アジュモニ	おばさん (一般的な意味で)
(여)동생 (ヨ)トンセン	妹	며느리 ミョヌリ	嫁
아들 アドゥル	息子	사위 サウィ	婿
남편 ナンピョン	夫	아내 アネ	妻

3. 취미 チュイミ(趣味)

취미는 무엇입니까? 趣味は何ですか。
チュィミヌン ムオシムニカ?

영화 보는 거예요. 映画を観る事です。
ヨンファ ボヌン ゴエヨ

어떤 영화를 좋아합니까? どんな映画が好きですか。
オットン ヨンハルル チョアハムニカ

일본영화도 봅니까? 日本の映画もご覧になりますか。
イルボンヨンノァド ボムニカ

한국에서도 일본영화를 韓国でも日本の映画を
ハングゲソド イルボンヨンファルル

볼 수 있게 되었습니다. 観られるようになりました。
ボルス イッケ テオッスムニダ

韓国事情

映画・演劇

最近の韓国映画(영화/ヨンファ)は様々な意味で活況を呈し、非常に人気があります。日本と比べると韓国ではビデオで済ますより直接映画館に足を運んで楽しむ人々が多いといわれます。尾売るの鐘路3街と忠武路辺りは伝統的は映画街となっており、劇場は小劇場を中心に「大学路」に集まっています。韓国語には「영화관」(ヨンファグァン/映画館)という単語もありますが、劇場も映画館も「극장」(クッチャン/劇場)というのが一般的です。

재미있었어요? チェミイッソッソヨ	面白かったですか。
네, 매우 재미있었어요. ネー、メウ チェミイッソッソヨ	はい、とても面白かったです。
아뇨, 그다지 재미없었어요. アニョ、クダジ チェミオプソッソヨ	いいえ、あまり面白く なかったです。
감동했어요. カムドンヘッソヨ	感動しました。
어떤 영화였어요? オットン ヨンファ ヨッソヨ?	どんな映画でしたか。
슬픈 러브스토리었어요. スルプン ロブストリヨッソヨ	悲しいラブストーリーでした。
(애니메이션, 사무라이 영화) エニメイション、 サムライヨンファ	(アニメ、 サムライ映画)
여주인공은 미인이었습니까? ヨチュインゴンウン ミイニヨッスムニカ?	ヒロインは美人でしたか。
네, 그래도 제 타입은 아니에요. ネー、クレド チェ タイプン アニエヨ	はい、でも私の好みでは ありません。

어떤 타입을 좋아하세요?
オットン タイブル チョアハセヨ

どんなタイプが好きですか。

저는 배용준 같은 타입이 좋아요.
チョヌン ペヨンジュンカットゥン タイビ チョアヨ

私はペヨンジュンのようなタイプが好きです。

저와 타입이 틀리네요.
チョワ タイビ トゥルリネヨ

私と好みが違いますね。

여자친구가 있어요?
ヨジャチングガ イッソヨ?

彼女がいますか。

(남자친구)
(ナムジャ チング)

(彼氏)

아직 없어요.
アジッ オプソヨ

まだいません。

어떤 사람을 좋아해요?
オットン サラムル チョアヘヨ?

どんな人が好きですか。

역시 예쁘고 상냥한
ヨクシ イェップゴ サンニャンハン

やはり可愛くて優しい

사람이겠지요.
サラミゲッチヨ

人でしょう。

그러면 좋은 사람이 있어요.　　　それならいい人がいますよ。

クロミョン チョウン サラミ イッソヨ.

다음에 꼭 소개해 주세요.　　　今度、ぜひ紹介してください。

タウメ コッ ソゲヘ チュセヨ

韓国事情

韓国の携帯電話事情

携帯電話を韓国語では、そのまま音読みして휴대전화(ヒュデジョナ)とも핸드폰(ヘンドゥポン/hand phone→韓国式英語)ともいいますが、ヘンドゥポンの方がより一般的です。携帯電話の保有率では2000年末現在、国民100人当たり57人と生活に欠かせないものとなっているのですが、携帯電話の使用マナーに厳しい日本と違って、電車やバス内といった公共の空間でもその使用が大らかに容認されています。

다 같이 하이킹이라도 갑시다.
タ カチ ハイキンイラド カプシダ

皆で一緒にハイキングにでも行きましょう

난 좋은 친구가 있어서
ナン チョウン チングガ イッソソ ヘンボッケヨ

私はいい友達を持って

행복해요.
ヘソボクヘヨ

幸せだな。

韓国事情

韓国の郵便

郵便(우편/ウピョン)切手は街の売店でも売っているところがありますが、一番確実なのは우표(ウピョ/郵便切手)と書いた看板がある商店や郵便ポスト(日本と同じく赤色、たくさん散在している) 近くのお店、あるいはコンビにで購入する方法です。料金は5ｇまで160ウォン、5～25ｇは190ウォン、郵便はがきも160ウォンです。

제6장

ハングッセンファル
한국생활

(韓国生活)

1. 노래방ノレバン(カラオケ)

김선생님은 노래를 좋아해요?
キムソンセンニムン ノレルル チョアヘヨ

金先生は歌が好きですか。

잘 못하지만 좋아해요.
チャル モッタジマン チョアヘヨ

うまくはありませんが好きです。

저는 음치예요.
チョヌン ウムチエヨ

私は音痴です。

노래는 잘 합니다.
ノレヌン チャル ハムニダ

歌は得意(上手)です。

자, 노래방에 갑시다.
チャ、ノレバンエ カプシダ

では、カラオケに行きましょう。

근데, 한국노래는 잘 몰라요.
クンデ、 ハングッ ノレヌン チャル モッラヨ

でも韓国の歌はよく知りません

일본노래도 있어요.
イルボンノレド イッソヨ

日本の歌もありますよ。

좋아하는 곡을 고르세요.
チョアハヌン コグル コルセヨ

好きな曲を選んでください。

그럼 일본노래를 부르겠어요. では日本の歌を歌います。
クロム イルボンノレルル プルゲッソヨ

무슨 노래입니까? 何の歌ですか。
ムスン ノレイムニカ

저는 이것이 좋아요 私はこれがいいです。
チョヌン イゴシ チョアヨ

[돌아와요 부산항에]예요. 「釜山港に帰れ」です。
「トラワヨ プサンハンエ」エヨ

저의 십팔번이에요. 私の十八番です。
チョエ シッパルボンイエヨ

그럼 같이 노래합시다. では一緒に歌いましょう。
クロム ガッチ ノレハップシダ。

정말 잘하네요. とてもお上手ですね。
チョソマル チャラネヨ

2. 식사シクサ(食事)

뭘 드시겠습니까? **ムォル トゥシゲッスムニカ**	何にをさいますか。
그럼, 한식으로 하실까요? **クロム、 ハンシグロ ハシルカヨ?**	そうですね。韓国料理(韓食)にしませんか。
(양식, 일본요리, 중화요리, 술집) **(ヤンシク、イルシク、チュングッヨリ、スルチブ)**	(洋食、日本料理、中華料理、居酒屋)
술은 마셔요? **スルン マショヨ**	お酒は飲みますか。
많이는 못 마시지만 좋아해요. **マーニヌン モンマシジマン チョアヘヨ**	たくさんは飲めませんがすきですよ。

韓国事情

韓国の酒と作法

韓国でももっともよく飲まれているのが「焼酎」(소주/ソジュ)です。日本でもお馴染みの「真露」(진로/チルロ)は韓国で最もポピュラーな焼酎のブランドです。韓国の焼酎は日本のより甘口で口当たりがいいようです。また、米でいくったベージュ色の濁りの酒、マッコリ(막걸리/マクコルリ)も昔から庶民に愛されてきました。そのほかにも日本酒に似た清酒、トンドン酒(동동주/トンドンジュ)などがあります。酒をつぐときは、酒ビンなどを持つ手にもう一方の手を添え、ついでもらう方も同じようにします。また、つぎ足しの習慣はありません。

조금 마셔요 少し飲みます。
チョグム マショヨ

술은 못 마셔요. お酒は飲めません。
スルン モン マショヨ

뭘 마시겠어요? 何を飲みますか。
ムォル マシゲッソヨ

무엇이든지 좋아요. 何でもよいです。
ムオシドゥンジ チョアヨ

練習単語

술(スル/お酒)

일본술(정종) イルボンスル (チョンジョン)	日本酒	위스키 ウィスキ	ウィスキー
포도주 ポドジュ	ワイン	소주 ソジュ	しょうちゅう
쥬스 ジュス	ジュース	맥주 メッチュ	ビール
막걸리 マッコルリ	どぶろく	칵테일 かッテイル	かクテル
우롱차 ウロンチャ	ウーロン茶	물 ムル	お水

맥주(소주) 주세요. **メッチュ(ソジュ) ジュウセヨ**	ビールを下さい。
따라 드리겠습니다. **タラ トゥリゲッスムニダ**	お注ぎしましょう。
건배 **コンベ**	乾杯。
자 드십시오. **チャ トゥシプシヨ**	どうぞ召し上がってください。
많이 드세요. **マーニ トゥセヨ**	たくさん食べてください。
사양하지 마세요. **サヤンハジ マセヨ**	遠慮しないでください。

배고파요 **ベゴッパヨ**	お腹がすきました。
잘 먹겠습니다. **チャル モッゲッスムニダ**	いただきます。
매운 것은 먹을 수 있어요? **メウン ゴスン モグル ス イッソヨ**	辛いものは食べられますか。
네, 너무 좋아합니다. **ネー、ノム チョアハムニダ**	はい、大好きです。
못 먹는 거 있어요? **モン モンヌン ゴ イッソヨ?**	食べられない物はありますか。
뭐든지 잘 먹어요. **モドゥンジ チャル モゴヨ**	何でも食べられます。

韓国事情

食事のマナー

韓国の食事も、日本と同じくご飯(밥/パプ)と汁もの(국/クク)が基本になっています。食事の時は必ずスプーンと箸が出され、スプーンはご飯と汁ものに使い、箸はおかず(반찬/パンチャン)を取るときに使います。日本のように汁ものを具を箸で食べるのはマナーでありません。また、ご飯茶碗を手で持ち上げて食べたり、汁ものの器に口をつけて飲むのもあまり好ましくありません。

3. 요리ヨリ(料理)

닭고기는 못 먹어요. **タッコギヌン モン モゴヨ**	鶏肉が食べられません。
맛있어요. **マシッソヨ**	おいしいですね。
이것은 무슨 요리예요? **イゴスン ムスン ヨリエヨ**	これは何の料理ですか。
이것은 신선로입니다. **イゴスン シンソンロイムニダ**	これは神仙炉です。
조금 맛이 싱거워요. **チョグム マシ シンゴウォヨ**	すこし味が薄いです。

練習単語

肉

쇠고기 セゴギ	牛肉	**회** フェ	刺身
돼지고기 テジゴギ	豚肉	**생선** センソン	魚

練習単語

味

짜다 チャダ	塩っぱい	시다 シダ	酸っぱい
맵다 メッタ	辛い	쓰다 スダ	苦い
달다 タルダ	甘い		

밥을 드시겠어요? ご飯を召し上がりますか。
パブル トゥシゲッソヨ

김치는 있어요? キムチはありますか。
キムチヌン イッソヨ

이제 됐어요. もう結構です。
イジェ テッソヨ

더 이상 마실 수 없어요. もう飲めません。
ト イサン マッル ス オプソヨ

배가 불러요. お腹いっぱいです。
ペガ プッロヨ

많이 먹었습니다. たくさん食べました。
マーニ モゴッスムニダ

자, 과일 드세요. 果物どうぞ。
チャ、クァイル トゥセヨ

(사과, 귤, 포도) (りんご、みかん、ぶどう)
(サグァ、ギュル、ポド)

맛있었어요. おいしかったです。
マシッソッソヨ

잘 먹었습니다. ごちそうさまでした。
チャル モゴッスムニダ

練習単語

味付

단무지 **タンムジ**	たくわん	**고춧가루** **コチュッカル**	からし
간장 **カンジャン**	しょうゆ	**고추장** **コチュジャン**	辛し味噌

韓国事情

いろいろなキムチ

韓国食文化の代表格の김치(キムチ/キムチ)には、使われる材料や味付けの方法によって100種類ほどありますが、その中でもっともポピュラーなもので、배추김치(ペチュキムチ/白菜キムチ)、깍두기(カクトゥギ/大根のキムチ)、오이김치(オイキムチ/キュウリのキムチ)、물김치(ムルキムチ/水キムチ)があります。물김치には唐辛子の粉(고추가루/コチュウカル)が一切入っていません。

4. 약속ャッソッ(約束)

오늘은 뭘 하세요?
オヌルン ムォル ハセヨ
今日は何をなさいますか。

회사에 갑니다.
フェサエ カムニダ
会社にいきます。

내일은 뭘 하세요?
ネイルン ムォル ハセヨ
明日は何をなさいますか。

집에서 쉽니다.
チベソ シィムニダ
家で休みます。

내일은 어디엔가 갑시다.
ネイルン オディエンガ カプシダ
明日はどこかに行きましょう。

영화는 어때요?
ヨンファヌン オッテヨ
映画はどうですか。

덕수궁으로 갑시다. 徳寿宮に行きましょう。
トグスグンウロ カプシダ

어떤 곳이에요? どんなところですか。
オットン ゴシエヨ

한국적인 곳이에요. 韓国的な場所です。
ハングッチョギン ゴシエヨ

외국인이 많이 갑니다. 外国人がたくさん行きます。
ウェグギニ マーニ カムニダ

꼭 가고 싶은데요. ぜひ行きたいですね。
コッ カゴ シップンデヨ

練習単語

휴식처フュウシィクチョ(休息処)

미술관 **(ミスルガァン)**	美術館	**산책** **(サンチェク)**	散歩
박물관 **(パンムルガァン)**	博物館	**공원** **(コンウォン)**	公園
드라이브 **(ドゥライブ)**	ドライブ	**식사** **(シクサ)**	食事

몇 시에 만날까요?

ミョッシエ マンナルカヨ?

何時に会いましょうか。

12시에 프라자호텔에서

ヨルトゥシエ プラザホテレソ

12時にプラザホテルで

만납시다.

マンナプシダ

会いましょう。

네, 알았습니다.

ネー、アラッスムニダ

はい、わかりました。

韓国事情

韓国の旅館

韓国の旅館(여관/ヨガァン)は実は便利なのです。宿泊料金が一泊で20,000～30,000ウォンと安く、どんな小さな町にも多くの旅館があり、しかも予約なしでも泊まることができます。「～여관」あるいは「～모텔」(モテル/モーテル)という看板が出ており、温泉マークが目印です。しかし、こく限られた温泉観光地を除き、本物の温泉ではなく、食事もついていません。ただ　「宿泊は寝るだけ」と割りきっている旅行客にはなかなかいいのではないでしょうか。

5. 관광クァングァン(観光①)

여기는 어딥니까? ここはどこですか。
ヨギヌン オディムニカ

시청 앞입니다. 市庁前です。
シチョン アピムニダ

덕수궁은 어디에 있어요? 徳寿宮はどこにありますか。
トグスグンウン オディエ イッソヨ

오른쪽에 있어요. 右にあります。
オルンチョゲ イッソヨ

왼쪽으로 가세요. 左に行ってください。
ウェンチョグロ ガセヨ

언제 만들어졌어요? いつ作られたのですか。
オンジェ マンドゥロジョッソヨ

1470년에 만들어졌어요. 1470年に作られました。
チョンサーベッチルシッニョネ マンドゥロジョソヨ

누가 만들었어요? 誰が作ったのですか。
ヌガ マンドゥロッソヨ

성종이라는 왕이 만들었습니다. **ソンジョンイラヌン ワンイ マンドゥロッスムニダ**	成宗という王が建てました。
이것 뭐예요? **イゴ モエヨ?**	これは何ですか。
물시계입니다. **ムルシゲイムニダ**	水時計です。
어느 시대 거예요? **オヌ シデコエヨ?**	いつの時代の物ですか。
15세기 초, 조선왕조시대이지요. **シボセキ チョ、チョソンワンジョ シデイジヨ**	15世紀のはじめ、朝鮮王朝の時代ですね。
저 사람들은 뭘 하고 있어요? **チョ サランドゥルン ムォル ハゴ イッソヨ?**	あの人たちは何をしているのですか。

韓国事情

ソウルの古宮

1392年に建国された朝鮮王朝は、都を漢城(現在のソウル)に定めて以来、いくつかの宮殿を建てました。その中でも景福宮はもっとも大きな王宮で、李朝の正宮として建てられたものです。植民地時代、日本はその一部を壊し、緒戦総督府を建てましたが、1997年までに総督府の建物の撤去が完了され、現在景福宮の復元工事が行われています。その他の主な宮殿としては徳寿宮、昌徳宮、昌慶宮があります。古宮(고궁/コグン)には昔、往時を偲ばせる秀麗　な建築物がたくさん残っており、現在と未来、そして過去が同居するソウルの面貌を勘能できるでしょう。

저기 웨딩드레스 입은
チョギ ウェディンドゥレス イブン
사람들 말이에요.
サラムドゥル マリエヨ

あそこのウエディングドレスを着ている人たちです。

그것은 결혼식 기념사진
クゴスン キョロンシッ キニョムサジン
촬영이에요.
チャリョンイエヨ

あれは結婚式の記念写真の撮影です。

커플 포즈가 너무 진해요.
コップル ポズガ ノム チネヨ

カップルのポーズがすごいですね。

(프로)카메라맨이 촬영해요.
(プロ)カメラメニ チョァリョンヘヨ

(プロの)カメラマンが撮るのです。

저 신랑은 음악가인가 보죠?
チョ シンランウン ウマッカインガ ボジョ

あの新郎は音楽家かしら。

왜 그렇게 생각하세요?
ウェ クロッケ センガッカセヨ

どうしてそう思うのですか。

손에 플룻을 들고 있잖아요.
ソネ プルトゥ トゥルゴ イッチャナヨ

手にフルートを持っているでしょう。

그냥 이것저것 들게 하는 거예요.
クニャン イゴッチョゴ トゥルゲ ハヌンゴエヨ
ただ色々と持たされているだけですよ。

정말요? 재미있네요.
チョンマルヨ? チェミ インネヨ
本当? 面白いですね。

저도 하고 싶은데요.
チョド ハゴ シップンデヨ
私もしてみたいですね。

해보세요. 좋으시면
ヘボセヨ、チョウシミョン
どうぞ(やってみて)、なんなら

저랑 해보시겠어요?
チョラン ヘボゲシゲッソヨ?
僕としますか。

役にたつ表現

:: 着物と⑤物のサイズ

日本と韓国とではサイズの言い方が違います。日本ではセンチ(센티/センチ)ではあらわしますが、韓国では靴はミルリ(밀리/ミルリ)、スカートやズボンはインチ(인치/インチ)であらわします。

靴	日本(cm)	24	24 1/2	25	25 1/2
	韓国(mm)	240	245	250	255
スカート ズボン	日本(cm)	60	66	72	76
	韓国(inch)	24	26	28	30

6. 관광クァングアン(観光②)

경주는 처음이에요? キョンジュヌン チョウミエヨ	慶州は初めてですか。
네, 그래요. ネー、クレヨ	はい、そうです。
두 번째예요. トゥボンチェエヨ	2回目です。
어디 가고 싶은 곳이 있어요? オディォ カゴ シップン ゴシ イッソヨ	どこか行きたい所はありますか。
미술관에 가고 싶어요. ミスルグァネ カゴ シッポヨ	美術館に行きたいです。
모르겠어요. モルゲッソヨ	分かりません
좋은 곳을 가르쳐 주세요. チョウン ゴスル カルチョ ジュセヨ。	いい所を教えてください
어떤 곳을 좋아해요? オットン ゴスル チョアヘヨ?	どんな所が好きですか。

역사가 있는 절을 좋아해요.
ヨクサガ イッヌン チョルル チョアヘヨ
歴史のあるお寺がいいです。

오래된 건물을 보고 싶어요.
オレデン コンムルル ポゴ シッポヨ
古い建物が見たいです。

저기 보이는 것이 뭐예요?
チョギ ポイヌン ゴシ ムォエヨ
あそこに見えるのは何ですか。

저것은 불국사예요.
チョゴスン プルグッサエヨ
あれは仏国寺です。

빨리 갑시다.
パッリ カブシダ
早くいきましょう。

아름다운 절이네요.
アルムダウン チョリネヨ
きれいなお寺ですね。

경주에서 제일 인기가 있어요.
キョンジュエソ チェイル インキガ イッソヨ
慶州で一番人気があります。

7. 토산품 トサンプン(お土産)

가게가 많은데요. お店が多いですね。
カゲガ マーヌンデヨ

한국적인 토산품이 많이 있어요. 韓国的なお土産がたくさんあります。
ハングッチョギン トサンプミ マーニ イッソヨ

무엇인가 추천할 것이 있어요? 何かお勧めはありますか。
ムオシンガ チュチョンハル コシ イッソヨ

그럼, 족자는 어때요? そうですね。掛け軸はどうですか。
クロム、チョッチャヌン オッテヨ

韓国事情

南大門市場

南大門市場(남대문시장/ナムデムンシジャン)は、韓国第一の在来市場で、ソウルの南大門(国宝第一号)の近くに位置しています。衣料品をはじめ、食料品、アクセサリー、寝具、民芸品などなど、いろいろな商品を扱っています。デパートのようにのんびり立って見物する暇はあまりなく、人波に押されながら買い物をすることが普通です。買い物のときは話がうまければ値引きしてもらうこともありますので、「좀 깎아주세요.(チョムカカチュウセヨ/少しまけてください)」と交渉してみてください。また、市場の一角にある屋台で、韓国ののり巻きやお好み焼き、おでん、うどんなどを食べながら買物を楽しむのもいいでしょう。

여기 스님이 직접 쓰신
ヨギ スニミ チッチョッ スシン

ここのお坊さんが直に

글씨예요.
クルッシエヨ

書いた字です。

힘이 있는 좋은 글씨인데요.
ヒミ イッヌン チョウン クルッシインデヨ

勢いのいい字です。

민화는 어때요?
ミンファヌン オッテヨ

民画などはいかがですか。

예쁘네요.
イェップネヨ

奇麗ですね。

도자기도 유명해요.
ドジャギド ユミョンヘヨ

焼き物も有名です。

신라도자기라고 해요.
シラドジャギラゴ ヘヨ

新羅焼といいます。

멋있지만 비싸네요.
モシッチマン ビッサネヨ

素敵だけど高いですね。

8. 전통차チョントンチャ(伝統茶)

피곤해요. **ピゴンヘヨ**	疲れました。
좀, 쉽시다. **チョム、シィプシダ**	少し、休みましょう
차나 마실까요. **チャナ マシルカヨ**	お茶でも飲みましょうか。
전통차 마셔 봤어요? **チョントンチャ マショ バッソヨ?**	伝統茶飲んだことありますか。
아뇨, 어떤 차예요? **アニョ、オットン チャエヨ**	いいえ、どんなお茶ですか
대추, 유자, 생강, 그 밖에도 **テチュ、ユジャ、センガン ク バッケド**	棗, 柚子, 生姜, 他にもいろんな
여러 종류가 있어요 **ヨロ チョンニュウガ イッソヨ**	種類があります。

네, 마셔 보겠어요.　　はい、飲んでみます。

ネー、マショ ボゲッソヨ

韓国事情

韓国の喫茶店事情

韓国の喫茶店は一般的に「茶房」(다방/タバン)といいますが、今頃の다방というのは、年配の人やビジネスを目的とする人々が利用するというイメージが強く、若者の場合、タバンの代わりにカフェ(카페/カフェ)を利用します。カフェは各個性や特徴のあるインテリアデザインを施し、コーヒーなどの飲料のみならず、お酒や料理も売っており、店ごとに若者を引付けるために様々な工夫を凝らしています。ソウルにはいくつかの有名なカフェ街があり、대학로(テハンノ/大学路)や신촌(新村/シンチョン)、압구정동(アプクジョンドン/鴨鴎亭洞)は特に有名です。

9. 한복ハンボグ(韓服)

한복을 입어 보시지 않겠어요? 韓服を着てみませんか。
ハンボグル イボ ボシジ アンケッソヨ

돌아가실 때 사진이 나옵니다. 帰る時に写真が出来ています。
トラガシルテ サジニ ナオムニダ

이것은 어떻게 입어요? これはどう着るのですか。
イゴスン オットケ イボヨ?

이렇게 하세요. このようにします。
イロッケ ハセヨ

잘 어울리네요. よくお似合いですね。
チャル オウッリネヨ

다음은 옛날 그대로의 생활을 次は昔ながらの生活を
タウムン イェンナル クデロエ センファルル

봅시다. 見ましょう。
ポプシダ

이것은 서민의 민가지요. これは庶民の民家ですね。
イゴスン ソミネ ミンガジヨ

뭔가 그리워지네요.
ムォンガ クリウォジネヨ

何とかとても懐かしい感じがします。

저기는 진짜 약주를 마실 수 있어요.
チョギヌン チンチャ ヤッチュルル マシルス イッソヨ

あちらでは本物の薬酒が飲めます。

이렇게 맛있는 술은 처음이에요.
イロッケ マシッヌン スルン チョウミエヨ

こんなにおいしいお酒は初めてです。

안주로 빈대떡은 어때요?
アンジュウロ ピンデトグン オッテヨ
(韓国風お好み焼き)

おつまみにピンデトックはどうですか。

이것도 정말 맛있어요.
イゴット チョンマル マシッソヨ

これは本当においしいです。

이것이 한국식이에요.
イゴシ ハングッシギエヨ

これが韓国式です。

韓国事情

韓国のスポーツ事情

伝統的な国技は태권도(テクォンド)です。日本の空手や中国の拳法にも似ていますが、足技に特徴があります。2000年シドニーオリンピックからの正式種目として認められたほど世界的な広がりも持っています。しかし、韓国のスポーツ(스포츠/スポツ)といえば、やはりなんといってもサッカー(축구/チュック→蹴球)と野球(야구/ヤグ)でしょう。特に野球は1982年プロリーグが誕生してから飛躍的に発展しています。　また、90年代半ば以降、プロバスケットボールも大変盛りあがっています。

役にたつ表現

:: 買物の表現

1) 이거 얼마예요? [イゴオールマエヨ]　これ、いくらですか。
2) 너무 비싸요. [ノムピッサヨ] (値が)高すぎますね。
3) 좀 깎아주세요. [チョムカッカジュウセヨ]　もっと安くしてください。
4) 더 많이 주세요. [ト　マーニ　チュウセヨ]　もっとたくさんください。
5) 이거 주세요. [イゴ　チュウセヨ]　これください。
6) 카드도 돼요? [カドゥド　トェヨ]　カードも使えますか。
7) 딴 건 없어요? [タンゴン　オプソヨ]　ほかのはありませんか。
8) 어서 오세요. [オソ　オセヨ]　いらっしゃいませ。
9) 또 오세요. [ト　オセヨ]　またいらしてください。

제7장

교통
キョトン

(交通)

1. 길キル(道)

여보세요. 길 좀 묻겠습니다.
ヨボセヨ. キル チョム ムッケッスムニダ
もしもし、ちょっとお聞きします。

경복궁은 어딥니까?
キョンボックンウン オディムニカ
景福宮はどこですか。

(박물관, OO극장)
(パッムルグァン、OOクッチャン)
(博物館, OO劇場)

길을 잃어 버렸습니다.
キルル イロ ボリョッスムニダ
道に迷いました。

여기는 어딥니까?
ヨギヌン オディムニカ
ここはどこですか。

어디로 가시는 거예요?
オディロ カシヌン ゴエヨ
どちらに行かれるのですか。

경복궁에 가고 싶은데요.
キョンボックンエ ガゴ シップンデヨ
景福宮に行きたいのですが。

이 근처에 편의점은 있습니까?
イ クンチョエ ピョニジョムン イッスムニカ
この近くにコンビニはありますか。

이 길을 똑바로 가세요. **イ ギルル トッパロ カセヨ**	ここをまっすぐ行ってください。
저 신호를 오른쪽으로 가면 **チョ シノルル オルンチョグロ ガミョン**	あの信号を右に行くと
왼쪽에 보입니다. **ウェンチョゲ ボイムニダ。**	左に見えます。
걸어서 어느 정도입니까? **コロソ オヌ チョンドイムニカ**	歩いてどのぐらいですか。
이 지도 어디에 있어요? **イ チド オディエ イッソヨ**	この地図のどこにありますか。
바로 앞에 있어요. **パロ アペ イッソヨ**	すぐそこにあります。

韓国事情

韓国のコンビニエンスストア

韓国ではコンビニエンスストアを「편의점」(ピョニジョム→便宜店)といいます。店のシステムや外見などは日本とほとんど同じです。日本でもお染みのローソンやセブンイレブンなども入っています。しかし、韓国のコンビニでは、日本と違って、店内でハンバーガーやカップラーメンなどの軽食や飲物などを飲めるようにしてあることです。また、店の前に置いてあるテーブルで食べたり、飲んだりすることもできます。特に、夏には店の外のテーブルに座ってビールを飲んだり、アイスクリームを食べたりしている人がよくみかけられます。

오분 정도예요.
オブン チョンドエヨ

5分ぐらいでしょう。

여기서는 좀 멀어요.
ヨギソヌン チョム モロヨ

ここからは少し遠いですね。

택시를 타는 게 좋아요.
テクシルル タヌン ゲ チョアヨ

タグシーに乗った方がいいですよ。

2. 택시テッシ(タクシー)

타도 됩니까?
タド テムニカ
乗ってもいいですか。

종로로 가 주세요.
チョンノロ カ チュセヨ
鐘路に行ってください。

종로 어디로 갈까요?
チョンノ オディロ カルカヨ
鐘路のどこに行きましょうか。

인사동 입구로 가 주세요.
インサドン イプグロ カ チュセヨ
仁寺洞の入り口に
行ってください。

시간은 어느 정도 걸려요?
シガヌン オヌ チョンド コッリョヨ
時間はどのくらいですか。

요금이 얼마나 되지요?
ヨグミ オルマナ テジヨ
いくらぐらいかかりますか。

약속이 늦었는데 좀 빨리
ヤクソギ ヌジョッヌンデ チョム パッリ
가 주세요.
カ チュセヨ
約束に遅れるので少し
急いで行ってください。

천천히(안전운전) 가세요. **チョンチョニ(アンジョン ウンジョンウロ)カセヨ**	ゆっくり(安全運転で) 行ってください。
수고하세요. 잔돈은 됐어요. **スゴハセヨ、チャンドヌン テッソヨ**	ご苦労様、おつりは取って おいてください

韓国事情

韓国のタクシー

韓国のタクシー(택시/テクシ)は「날아다닌다(ナラダニンダ)」(飛んでいく)といわれるほどのスピードに誰もがびっくりしますが、運転手や相乗りの客と世間話ができるというやや異色でエキサイティングな乗り物でもあります。タクシーは一般タクシー(일반택시/イルバンテクシ)と相乗りを行わない異色の模範タクシー(모범택시/モボムタクシ)の２種類で、模範タクシーは一般タクシー料金の約3倍です。

3. 지하철チハチョル(地下鉄)

지하철 노선도를 주세요.
チハチョル ノソンドルル ジュセヨ
地下鉄路線図をください。

제일 가까운 지하철 역은
チェイル カッカウン チハチョル ヨグン
一番近い地下鉄の駅は

어디에요?
オディエヨ
どこですか。

박물관에 간다면 어디서
パンムルグァネ カンダミョン オディソ
博物館に行くにはどこで

내리면 돼요?
ネリミョン テヨ?
降りればいいですか。

표는 어디서 살 수 있어요?
ピョヌン オディソ サル ス イッソヨ?
すみません切符はどこで
買えますか。

저 자판기에서 살 수 있어요.
チョ チャパンギエソ サル ス イッソヨ
あそこの自動販売機で買えます。

잔돈이 없어요.
チャンドンニ オプソヨ
小銭がありません。

그 창구에서도 살 수 있어요.　　その窓口でも買えます。
ク チャングエソド サル ス イッソヨ

어디까지 가시는 거예요?　　どこまで行くのですか。
オディッカジ カシヌンゴエヨ

몇 장이에요?　　何枚ですか。
ミョッ チャンイエヨ

두장 주세요.　　２枚です。
トゥ ジャン ジュセヨ

실례지만, 이것은 시청 갑니까?　　すみません、これは市庁に行きますか。
シッレジマン, イゴスン シチョン カムニカ

네, 가요　　はい、行きます。
ネー、カヨ

韓国事情

ソウルの地下鉄事情

ソウルの地下鉄(지하철/チハチョル)は2003年現在、1号線から8号線まで、８つの路線が運行されています。ソウル市内だけではなくソウル周辺地域まで走ってます。駅などの表示は日本と同じように、路線ごとに色分けされています。料金は区間制になっていて、1区間の料金は900ウォン(日本円で約90円)です。ソウル市内はほとんどが1区間なので、市内なら900ウォンでほとんどのところに行けます。そして、新しくできた比較的大きな地下鉄駅(역/ヨク)に壁画、彫刻、石像などが飾られており、ユニークな文化空間を作り出しています。

아뇨, 반대 홈이에요.　いいえ、反対のホームです。

アニョ、パンデ ホミエヨ

시청은 다음 역입니까?　市庁は次の駅ですか。

シチョンウン タウム ヨギムニカ?

여기서 내리세요.　ここで降りてください。

ヨギソ ネリセヨ

여기서 갈아타세요.　ここで乗り換えてください。

ヨギソ カラタセヨ

4. 버스ボス(バス)

신촌에 가는 버스는
シンチョンネ カヌン ボスヌン
シンチョン行きのバスは

어디서 탈 수 있어요?
オディソ タル ス イッソヨ
どこで乗れますか。

저 정류장에서 32(삼십이)번
チョ チョンニュウジャンエソ サムシビーボン
あの停留場で32番の

버스를 타세요
ボスル タセヨ
バスに乗ってください。

신촌에 도착하면 알려 주세요.
シンチョンネ トチャッカミョン アッリョ ヂュセヨ
シンチョンに着いたら教えてください。

어디서 오셨어요?
オディソ オッショソヨ
どちらから来られましたか。

일본에서 왔습니다.
イルボンネソ ワッスムニダ
日本から来ました。

한국말 잘 하시네요.
ハングッマル チャル ハシネヨ
韓国語がお上手ですね。

아뇨, 조금밖에 못해요. **アニョ、チョグッムバッケ モッテヨ**	いいえ、ほんの少しできるだけです。
한국사람은 친절하네요. **ハングッサラム チンジョラネヨ**	韓国の人は親切ですね。
감사합니다. **カムサムニダ**	ありがとう。
어디까지 가세요? **オディカジ カセヨ**	どこまで行かれますか。
저는 부산까지 갑니다. **チョヌン プサンカジ カムニダ**	私はプサンまで行きます。
그렇습니까. 저는 다음에 **グロッスムニカ、 チョヌン タウメ**	そうですか。 私は次の

韓国事情

韓国のバス

韓国のバスには市内バス(시내버스/シネポス)と高速バス(고속버스/コソクポス)があります。市内バスには運行スタイルや運賃によって町内バス、一般バス、座席バスに分かれており、路線もものすごく多いです。高速バスは専用のターミナルが整備され、中小都市からでもほぼ全国に行けます。ただ、市内バスの運転はとても荒々しく、バス停にきちんと止まることがめったにないため、市内バス初心者は大変驚くことでしょう。ただ、運行区間が多様で市内全域をカバーしているので、バスでの移動の方が地下鉄より便利なところもあります。

대전에서 내립니다. 大田で降ります。
テジョネソ ネリムニダ

섭섭하네요. 그래도 이야기할 残念ですね。でもお話が
ソッソッパネヨ. クレド イヤギハル
수 있어서 좋았습니다. 出来てよかったです。
ス イッソソ チョアッスムニダ

안녕히 가세요. さようなら。
アンニョンヒ カセヨ

좋은 여행 되세요. よい旅をしてください。
チョウン コヘン テセヨ

練習単語

탈것タアルコッ(乗り物)

버스 ポス	バス	**택시**	タクシー
배 ベ	船	**비행기** ピヘンギ	飛行機
자전거 チャジョンゴ	自転車	**오토바이** オトウバイ	オートバイ
지하철 チハチョル	地下鉄	**전철** チンチョル	電鉄

役にたつ表現

:: 場所・時間の起点と終点

場所の起点と終点は、「～에서(エソ)～까지(カジ)」。時間や順番の起点と終点は、「～부터(プト)～까지(カジ)」です。日本語ではどちらも「～から～まで」なのに対して、韓国語では終点こを「～까지」ですが、起点は場所か時間・順番かで異なる助詞がつきます。

9시부터 오후1시까지 공부합니다.(9時から午後1じまで勉強します)
アホプシブト　オフハンシカジ　コンブハムニダ

집에서 회사까지 40분 걸립니다.(家から会社まで40分かかります)
チベソ　フェサカジ　サシププン　コルルムニダ

練習単語

韓国語の指事語

日本語には「こ・そ・あ・ど」の法則なるものがありますが、韓国語の指事語の仕組みもそれにとても似ています。

이 イ	この	이것 イゴッ	これ	여기 ヨギ	ここ
이쪽 イチョク	こちら	이런 イロン	こんな	이렇게 イロッケ	このように
그 ク	その	그것 クゴッ	それ	거기 コギ	そこ
그쪽 クチョク	そちら	그런 クロン	そんな	그렇게 クロッケ	そのように
저 チョ	あの	저것 チョゴッ	あれ	저기 チョギ	あそこ
저쪽 チョチョク	あちら	저런 チョロン	あんな	저렇게 チョロッケ	あのように
어느 オヌ	どの	어느 것 オヌゴッ	どれ	어디 オディ	どこ
어느 쪽 オヌチョク	どちら	어떤 オトン	どんな	어떻게 オトッケ	どのように

役にたつ表現

:: 前置き表現

1) 저. [チョ] あの
2) 저기요. [チョギヨ] あのですね。
3) 저기. [チョギ] あの
4) 있잖아요. [イッチャナヨ] あの、すみませんが。
5) 있잖아. [イッチャナ] あのねえ。
6) 근데요. [クンデヨ] それがですね、ところでですね。
7) 근데. [クンデ] それがね、ところで。
8) 그럼. [クロム] それじゃ、だったら。
9) 사실은요. [サシルンニョ] 実はですね。
10) 죄송한데요. [チェソンハンデヨ] 申し訳ないですが。
11) 혹시. [ホクシ] ひょっとして

제8장

バンムン
방문

(訪問)

1. 회사フェサ(会社)

잘 오셨습니다. よくいらっしゃいました。
チャル オショッスムニダ

진심으로 환영합니다. 心から歓迎します。
チンシムロ ファニョンハムニダ

방문해 주셔서 영광입니다. 訪問していただき光栄です。
パンムン ヘヂュショソ ヨングァンイムニダ

한국에 오신 적이 있습니까? 韓国に来られた事がありますか
ハングゲ オシン ジョギ イッスムニカ

아뇨, 처음입니다. いいえ、初めてです。
アニョ、 チョウミムニダ

두 번째입니다. 2回目です。
トゥボンチェイムニダ

(세 번째, 네 번째) (3回目、4回目)
(セボンチェ、 ネボンチェ)

한국의 인상은 어때요? 韓国の印象はどうですか。
ハングゲ インサンウン オッテヨ?

공항이 훌륭해서 놀랐습니다.
コンハンイ フッリュンヘソ ノルラッスムニダ
空港が立派なのに驚きました。

아주 활기가 있습니다.
アジュ ファルギガ イッスムニダ
とても活気があります。

사람들이 친절해요.
サラムドゥリ チンジョレヨ
人々が親切です。

일본과 비슷해요.
イルボンクァ ビステヨ
日本とよく似ています。

그러면, 회의실로 가시지요.
クロミョン、フェイシルロ カシジヨ
それでは会議室にいらしてください。

어서 자리에 앉으십시오.
オソ チャリエ アンジュシプシヨ
どうぞ席にお座りください。

우선, 자료 설명을 하겠습니다.
ウソン、チャリョ ソルミョンウル ハゲッスムニダ
まず、資料説明をします。

비디오를 봐 주십시오.
ビディオルル バ ジュシプシヨ
ビデオを見てください。

간담회를 시작하겠습니다.
カンダムフェルル シジャカゲッスムニダ
懇談会を始めます。

질문이 있습니까? 質問がありますか。
チルムニ イッスムニカ

시설을 보십시오. 施設をご覧ください。
シソルル ボシプシヨ

여기서 구두를 갈아 신으세요. ここで靴を履き替えてください。
ヨギソ クドゥルル カラシヌセヨ

제가 안내해 드리겠습니다. 私が案内いたします。
チェガ アンネヘ トゥリゲッスムニダ

뒤에 따라 오세요. 後についてきてください。
トゥィエ タラ オセヨ

잘 보고 가세요. よく見ていってください。
チャル ボゴ カセヨ

발 조심하세요. 足元に注意してください。
バル チョシマセヨ

사진을 찍어도 됩니까? 写真を撮ってもいいですか。
サシヌル チゴド テムニカ

괜찮아요. かまいません。
ケンチャナヨ

삼가주세요.
サムガ チュセヨ

ご遠慮ください。

위험하니까 들어가지 마세요.
ウィホマニカ トゥロガジマセヨ

危ないですから入らないでください。

여기서 잠시 쉬세요.
ヨギソ チャムシ シィセヨ

ここで少しお休みください。

커피를 드세요.
コピルル トゥセヨ

コーヒーをどうぞ。

담배를 피워도 됩니까?
タンベルル ピオド テムニカ

タバコを吸ってもいいですか。

여기에 흡연실이 있습니다.
ヨギエ フビョンシリ イッスムニダ

こちらに喫煙室があります。

화장실은 어디에요?
ファジャンシルン オディエヨ?

トイレはどこですか。

이리 오세요.
イリ オセヨ

こちらにどうぞ。

오랫 동안 수고하셨습니다.
オレッ トンアン スゴハショッスムニダ

長い間お疲れ様でした。

이번 방문이 유익한 시간이
イボン パンムニ ユイッカン シガニ
今回の訪問が有意義であった

되셨기를 기대합니다.
テオッキルル キデハムニダ
ことをお祈りします。

한일간의 우호관계가
ハニルガネ ウホカンゲガ
日韓の友好関係が

유지되었으면 합니다.
ユジデオッスミョン ハムニダ。
維持されることを願います。

와 주셔서 대단히 감사합니다.
ファ ジュショソ テダニ カムサハムニダ
お越しいただき
ありかとうございました。

또 오십시오.
ト、オシプシヨ
また、おいでください。

무사히 귀국하실 것을
ムサヒ クィグッカシル コスル
無事、帰国されることを

기원합니다.
キウォナムニダ
望んでおります。

2. 가정カジョン(家庭)

어서 오세요. **オソオセヨ**	いらっしゃいませ
어서 들어오세요. **オソ トゥロオセヨ**	どうぞ、おあがりください。
실례합니다. **シッレハムニダ**	失礼します。
편하시도록 하세요. **ピョナシドロク ハセヨ**	楽にしてください。

韓国事情

韓国の住宅事情

韓国人の住宅(주택/チュテク)の多くは主に分譲マンションです。日本のマンションにあたる高層「아파트」(アパトゥ/アパート)団地が津々浦々まるでジャングルのように聳え立っています。しかし、韓国でもマイホーム購入は簡単ではなく、経済的余裕が生じるまでは韓国独特の不動産賃貸方式に頼るしかありません。その一つが「伝貰」(전세/チョンセ)で、入居時に不動産価格の50~80%ほどの額を「伝貰金」(전세금/チョンセグム)として払い、退去時に全額が返還される制度です。月極めの家賃を支払う必要はなく、大家さんは預かった「伝貰金」をもって資産運用することで家賃の代わりにするわけです。もう1つに、月極めの家賃を払う「月貰」(월세/ウォルセ)があり、一定額を保証金として納め、月極めの家賃を支払います。退去時には保証金は返還されます。

자기 집처럼 생각하세요.
チャギ チブチョロム センガッカセヨ
ご自分の家と思ってください。

이것은 선물이에요.
イゴスン ソンムリエヨ
これはお土産です。

일본의 도자기입니다.
イルボネ トジャギイムニダ
日本の陶磁器です。

고맙습니다.
コマッスムニダ
ありがとう。

소중히 간직하겠습니다.
ソジュンヒ カンジッカゲッスムニダ
大切にします。

좋은 기념이 될 것입니다.
チョウン キニョミ テル コシムニダ
よい記念になります。

인삼차를 드세요.
インサムチャルル トゥセヨ
人参茶をお召し上がりください。

과일도 드세요.
クァイルド トゥセヨ
果物もどうぞ。

식사를 합시다.
シクサルル ハプシダ
食事をしましょう。

목욕하세요. お風呂をどうぞ

モギョッカセヨ

(韓国は家ではほとんどシャワーです。)

냉장고 속에 있는 물을 冷蔵庫の中にある水を

ネンジャンゴソゲ インヌン ムルル

마시세요. 飲んでください。

マシセヨ

피곤하십니까? 疲れましたか。

ピゴナシムニカ

이제 주무시겠어요? そろそろお休みになりますか。

イジェ チュムシゲッソヨ

韓国事情

韓国の伝統茶いろいろ

韓国特有の伝統茶(전통차/チョントンチャ)の種類はいろいろありますが、ここでは韓国の人がよく飲む代表的なものだけを紹介しましょう。韓国に行く機会があればいろいろと飲み比べてみてください。

인삼차(インサムチャ/人参茶)：松の実を4、5粒浮かべるのが風流。

생강차(センガンチャ/生薑茶)：砂糖を入れて飲むショウガの茶。

쌍화차(サンファチャ/双和茶)：飲めば二人の中がよくなるという意味を持つ漢方薬風味の茶。

他に、유자차(ユジャチャ/柚子茶)、율무차(ユルムチャ/はと麦茶)、구기자차(クギジャチャ/コクチャ)など。

아주 졸려요. **アジュチョッリョヨ**	とても眠いです。
온돌방에서도 **オンドルバンエソド**	オンドル(床暖房)の部屋でも
주무실 수 있어요? **チュムシルス イッソヨ**	寝られますか。
아침은 몇시에 일어나시겠습니까? **アッチムン ミョッシエイロナシゲッスムニカ。**	朝は何時に起きますか。
일곱시에 일어나겠습니다. **イルゴプシエ イロナゲッスムニダ。**	7時に起きます。
안녕히 주무세요. **アンニョンヒ チュムセヨ**	おやすみなさい。
잘 주무셨습니까? **チャル チュムショッスムニカ**	よく眠れましたか。
잘 잤습니다. **チャル チャッスムニダ**	ぐっすり眠りました。

온돌이 따뜻해서 **オンドリ タットゥテソ**	オンドルって暖かくてとても
너무 좋아요. **ノム チョアヨ**	いいですね。
아침은 빵이라도 좋습니까? **アチムン パンイラド チョッスムニカ**	朝飯はパンでもよいですか。
괜찮습니다. **ケンチャンスムニダ**	結構です。
커피와 홍차 **コピワ ホンチャ**	コーヒーと紅茶と
어느 쪽으로 하시겠어요? **オヌチョグロ ハシゲッソヨ**	どちらにしますか。
홍차를 부탁합니다. **ホンチャルル ブッタッカムニダ**	紅茶をお願いします。

韓国事情

韓国の暖房

「온돌(オンドル)」とは韓国伝統の床暖房のことで、昔から韓国の暖房方式の中心となっています。今日のオンドルは床下にめぐらしたパイプに、ボイラーで沸かしたお湯を流し、床を暖める仕組みになっています。韓国の冬は寒く、零下の日が多いです。外は寒くても家の中は「온돌」部屋ですので、家の中では真冬でも半袖で過ごせるくらいとても暖かいです。

한국에서도 아침에 빵을
ハングゲソド アチメ パンウル

韓国でも朝はパンを

먹습니까?
モッスムニカ

食べるのですか。

밥을 먹는 사람도 많아요.
パブル モッヌン サラムド マーナヨ

ご飯を食べる人も多いですよ。

슬슬 떠날 시간이 되었네요.
スルスル トナル シガニ テオッネヨ

そろそろ出かける時間になりました。

아주 재미있었어요.
アジュ チェミイッソッソヨ

とても楽しかったです。

練習単語

敬語

계시다 ケシダ	いらっしゃる	있다 イッダ	いる
안계시다 アンケシダ	いらっしゃいない	없다 オップダ	いない
드시다 トゥシダ	召し上がる	먹다 メッダ	食べる
잡수시다 チャプスシダ			
주무시다 ジュムシダ	おやすみになる	자다 チャダ	寝る

정말 신세 많이 졌습니다. 本当にお世話になりました。
チョンマル シンセ マーニ ジョッスムニダ

편지를 쓰겠습니다. 手紙を書きます。
ピョンジルル スゲッスムニダ

E-메일로 사진을 보내겠습니다. E-メールで写真を送ります。
E-メイルロ サジヌルボネゲッスムニダ

謙譲語

드리다 **トゥリダ**	差し上げる
여쭈다 **ヨッチュダ**	申し上げる、お伺する

尊敬語

분 **ブン**	方	**사람** **サラム**	人
말씀 **マルッスム**	お言葉	**말** **マル**	言葉
어머님 **オモニム**	お母様	**어머니** **オモニ**	お母さん、母
진지 **チンジ**	お食事	**밥** **パッ**	ご飯
연세 **ヨンセ**	お歳	**나이** **ナイ**	歳

3. 가게 ガゲ(店)

죄송하지만 지금 만석입니다.
チェソンハジマン チグムマンソギムニダ

すみませんが、
ただいま満席です。

십분 정도 기다리시겠습니까?
シップン チョンド ギダリシゲッスムニか

10分程お待ちいただけますか。

여기는 금연석입니다.
ヨギヌン クミョンソギムニダ

ここは禁煙席です。

죄송하지만, 담배를
チェソンハジマン タンベル

申し訳ありませんが、煙草

삼가주시겠습니까?
サムガジュシ ゲッスムニカ

ご遠慮願えますが。

죄송하지만 조금 조용히
チェソンハジマン チョグム チョヨンヒ

申し訳ありませんがもう少し

해주세요.
ヘチュセヨ

お静かに願います。

다른 손님에게 피해를 줍니다.
タルン ソンニメゲ ピヘルル チュムニダ

他のお客様の迷惑です。

죄송하지만, 카드는 사용하지 **チェソンハジマン カドゥヌン サヨンハジ**	申し訳ありませんがカードは
못합니다. **モッタムニダ**	使えません
현금으로 부탁합니다. **ヒョングムロ ブッタカムニダ**	現金でお願いします。
이제 문을 닫겠습니다. **イジェ ムヌル タッケッスムニダ**	もう閉店です。閉館します。 **(もう門を閉じます。)**
봉지는 뜯지 마세요. **ポンジヌン トゥッチ マセヨ**	袋は開けないで下さい。
작품에 손대지 마세요. **チャップメ ソンテジ マセヨ**	作品に手を触れないで下さい。
거기부터는 못 들어갑니다. **コギブトヌン モッ トゥロガムニダ**	そこからは入れません
여기에 들어가면 안 됩니다. **ヨギエ トッロカミョン アンデムニダ**	ここに入ってはいけません。
신을 벗고 들어오세요. **シヌル ポッコ トゥロォセヨ**	靴を脱いで入ってください。

한 줄로 서 주십시오.　　一列に並んでください。
ハンジュルロ ソ ジュシプシヨ

어디로 가세요?　　(不審な人に)どこにいくのですか
オディロ カセヨ

여기서 뭘 해요?　　ここで何をしているのですか。
ヨギソ ムォル ヘヨ

신분증 보여 주세요.　　身分証明書を見せてください。
シンプンチュン ボヨ ヂュセヨ

좀 이리 오세요.　　ちょっとこちらに来てください。
チョム イリ オセヨ

통역사를 부르겠습니다.　　通訳を呼びます。
トンヨッサルル ブルゲッスムニダ

잠깐 기다리세요.　　ちょっとお待ちください。
チャムカン キダリセヨ

가게 カゲ	店	슈퍼 シュポ	スーパー
편의점 ピョニジョン	コンビニ	지하상가 チハサンガ	地下商店
구멍가게 クモンカゲ	雑貨店	할인 ハリン	割引
책방 チェッパン	本屋		

제9장

カムジョンピョヒョン

감정표현

(感情表現)

1. 감사カムサ(感謝)

(대단히)감사합니다. **(デダニ)カムサハムニダ**	(どうも)ありがとうございます。
고맙습니다. **コマッスムニダ**	ありがとうございます。
정말로 감사했습니다. **チョンマロ カムサヘッスムニダ**	本当にありがとうございます。
진심으로 감사하는 바입니다. **チンシムロ カムサハヌン バイムニダ**	心から感謝する次第です。
노고에 감사의 뜻을 표합니다. **ノゴエ カムサエ トゥスル ピョハムニダ**	ご尽力に感謝の意を表します。
어떻게 감사해야 좋을지 **オットケ カムサヘヤ チョウルチ**	何とお礼を言ってよいか
잘 모르겠습니다. **チャル モルゲッスムニダ**	わかりません。
정말 신세 많이 졌습니다. **チョンマル シンセ マーニ ジョッスムニダ**	本当にお世話になりました。

여러 가지 도움을 받았습니다. **ヨロカジ トウムル パダッスムニダ**	いろいろと助けて頂きました。
친절하게 대해 주셔서 **チンジョラゲ テヘ ヂュショソ**	ご親切にしていただき
대단히 감사합니다. **テダニ カムサムニダ**	本当にありがとうございます。
덕분에 즐거웠습니다. **トップネ チュルゴウォッスムニダ**	お陰様で楽しかったです。
이 은혜는 잊지 않겠습니다. **イ ウネヌン イッチ アンゲッスムニダ。**	このご恩は忘れません。
천만에요. **チョンマネヨ**	どういたしまして。
그렇게 신경쓰지 마세요. **クロッケ シンギョンスジ マセヨ**	そんなに気を使わないでください。
저희들이야말로 즐겁게 **チョヒドゥリヤマッロ チュルゴップケ**	こちらこそ楽しく
지냈습니다. **チネッスムニダ**	過ごせました。

2. 사죄サジェ(謝罪)

미안합니다.
ミアナミダ
すみません。

죄송합니다.
チェソンハムニダ
申し訳ありませんでした。

제가 잘못했어요.
チェガ チャル モッテソヨ
私が間違っていました。

진심으로 사과드리겠습니다.
チンシムロ サクァ トゥリゲッスムニダ
心からお詫びいたします。

그런 뜻이 아니었습니다.
クロン トゥシ アニオッスムニダ。
そんなつもりは無かったのです。

용서해 주시겠어요?
ヨンソヘ ヂュシゲッソヨ
許してくれますか。

제 잘못이 아니에요.
チェ チャルモシ アニエヨ
私のせいではありません。

저는 안했습니다.
チョヌン アネッスムニダ
私はやっていません。

단순한 사고였어요. 単なる事故でした。
タンスナン サゴヨッソヨ。

저쪽이 먼저 시작했습니다. あちらが先に始めました。
チョッチョギ モンジョ シジャッケスムニダ

정당 방위입니다 正当防衛です。
チョンダン バンウィイムニダ

경찰서에서 이야기합시다. 警察署で話しましょう。
キョンチャレソ イヤギハプシダ

괜찮아요. いいんですよ。
ケンチャナヨ

신경쓰지 마세요. 気にしないでください。
シンギョンスジ マセヨ

이제 됐어요. もう大丈夫です。
イジェ テッソヨ

아무렇지도 않아요. 何ともないです。
アムロッチド アナヨ

별것 아닌데요. たいしたことじゃありません。
ピョルゴッ アニンデヨ

이미 다 끝난 거예요.
イミ タ クッナン ゴエヨ
既にみんな終わったことです。

앞으로 조심하세요.
アプロ チョシムハセヨ
今後は気をつけてください。

어떻게 그럴 수가 있어요?
オットケ クロル スガ イッソヨ
そんなことがよくできるのですか。

다시는 그러지 마세요.
タシヌン クロジ マセヨ
2度としないでください。

지금은 용서할 수 없어요.
チグムン ヨンソハル ス オプソヨ
今は許せません。

오늘은 참을 수 없어요.
オヌルン チャムル ス オプソヨ
今日は我慢できません。

3. 동조トンジョ(相槌を打つ)

(네..)그래요. (ああ)そう
(ネー)クレヨ
(語尾を上げれば疑問にもなり、多様に使われる)

그렇습니까? そうなんですか。
クロッスムニカ

그렇군요. なるほどね。
クロッグニョ

대단하네요. すごいですね。
テダナネヨ

그럴 수도 있지요. そういうこともあるでしょう。
クロル スド イッチヨ

아마 그럴 거예요. 多分そうでしょう。
アマ クロル コエヨ

정말(정말이에요)? 本当(本当ですか。)
チョンマル(チョンマリエヨ)

거짓말이지요?/그럴까요? 嘘でしょう/そうですかね。
コジッマリジヨ/クロルカヨ

(설마) 그럴 수가 (있어요) (まさか)そんな事が(あるなんて)

(ソルマ)クロル スガ (イッソヨ)

믿을 수가 없어요. 信じられないです。

ミドゥル スガ オプソヨ

농담하지 말아요. 冗談言わないで。

ノンダムハジ マラヨ

4. 찬성チャンソン(賛成)

맞아요 / 그렇습니다. そのとおり/そうです。
マジャヨ / クロッスムニダ

바로 그겁니다. 正にそれです。
バロ クゴップニダ

그렇게 하지요. そうしましょう。
クロッケ ハジヨ

말씀하신 그대로입니다. おっしゃるとおりです。
マルスムハシン クデロイムニダ

당신 의견에 찬성합니다. あなたの意見に賛成します。
タンシン ウィギョネ チャンソン ハムニダ。

5. 놀람 ノルラム(驚く)

아이구 あらまあ

アイグ(男女ともにいろいろな場面でしばしばつかわれます。)

어머나 あらまあ

オモナ(主に女性が使います。)

설마! / 저런! まさか/ そんな

ソルマ/ チョロン

뭐라고 何だって

ムォラゴ

믿을 수 없어요! 信じられない。

ミドゥル ス オプソヨ

役にたつ表現

:: あいづち表現

1) 네. [ネ] はい
2) 예. [エィ] はい
3) 에. [エ] ええ
4) 아. [ア] あ
5) 어. [オ] お
6) 응. [ウン] うん
7) 정말이요? [チョンマリヨ] 本当ですか。
8) 진짜요? [チンチャヨ] 本当ですか。
9) 그래요? [クレヨ] そうですか。
10) 맞아요. [マジャヨ] そうですね。

6. 칭찬チンチャン(ほめる)

(아주) 잘하네요. (とても)上手。

(アジュ) チャラネヨ

잘했어! / 대단한데요. よくやった。 / たいしたもんだ。

チャレッソ/ テダナンデヨ

대단히 좋습니다. とてもよいですね。

テダニ チョッスムニダ

喜びとほめの表現

1) 좋아요. [チョアヨ] 好きです、いいです。
2) 대단해요. [テダナンデヨ] すごいですね。
3) 정말 재미있어요. [チョンマルチェミイッソヨ] とてもおもしろいですね。
4) 멋있어요. [モシッソヨ] 格好いいですね。すてきですよ。
5) 너무 예뻐요. [ノムイェッポヨ] とてもきれいですよ。
6) 맛있어요. [マシッソヨ] おいしいです。
7) 잘됐네요. [チャルデンネヨ] よかったですね。
8) 잘했어요. [チャレッソヨ] よくできました。それでいいんですよ。
9) 축하해요. [チュカヘヨ] おめでとうございます。
10) 사랑해요. [サランヘヨ] 好きです。愛しています。
11) 최고예요. [チィゴエヨ] 最高です。

그 사람 멋진 사람입니다.
クサラム モッチン サラミムニダ
あの人は素晴らしい人です。

정말 예쁘세요.
チョンマル イェップセヨ
本当に美しいですね。

집이 아주 멋있네요.
チビ アジュ モシッネヨ
お住まいが素晴らしいですね。

아기가 정말 예뻐요.
アギガ チョンマル イェッポヨ
お子さん、とても可愛いですね。

아이가 착해서, 부러워요.
アイガ チャッケソ、プロウォヨ
お子さんがしっかりしていて羨ましい。

정말 잘 생겼네요.
チョンマル チャル センギョッネヨ
本当にハンサムですね。

사모님, 요리 솜씨가 대단하시네요.
サモニム、ヨリ ソムシガ テダナシネヨ
奥さん、お料理の腕前が素晴らしい。

7. 의뢰ウィレ, 허가ホガ(依頼, 許可)

부탁이 있는데요.
ブッタギ イッヌンデヨ
お願いがあるのですが。

조금 시간 내줄 수 있어요?
チョグム シガン ネチュル ス イッソヨ
少し時間を割いてもらえますか。

미안하지만, 도와 주시겠어요?
ミアナジマン、トワ チュシゲッソヨ
すみませんが、手伝ってもらえますか。

여보세요, 아무도 없어요?
ヨボセヨ、 アムド オプソヨ
もしもし、誰もいませんか。

일본말로 이야기해도 좋습니까?
イルボンマルロ イヤギヘド カ
チョッスムニ
日本語で話してもよいですか。

실례지만, 뭐 좀 물어봐도 될까요?
シッレジマン、ムォ チョム ムロバド
テルカヨ?
失礼ですが、ちょっとお聞きしたいのですか。

OO에 가는 방법을 좀 **OOエ カヌン パンボブル チョム** 가르쳐 주세요. **カルチョ ヂュセヨ**	OOへの行き方を教えて ください。
조금 더 천천히 이야기해 주세요. **チョグム ト チョンチョニ イヤギヘ ヂュセヨ**	もう少しゆっくり喋ってください。
다시 한번 말해 주세요. **タシハンボン マレ ヂュセヨ**	もう一度言ってください。
알았습니다. **アラッスムニダ**	わかりました。
그렇게 합시다. **クロッケ ハプシダ**	そうしましょう。
그것이 좋다고 생각합니다. **クゴシ チョッタゴ センガッカムニダ**	それがよいと思います。
알겠습니다. **アルゲッスムニダ**	かしこまりました。
지금 갑니다. **チグム カムニダ**	ただいま参ります。

물론이죠. もちろんです。
ムッロンイジョ

문제 없어요. お安いご用です。
ムンジェ オプソヨ

제게 맡기세요. 私にお任せください。
チェゲ マッキセヨ

도와 드리겠습니다. お手伝いしましょう。
トワ ドゥリゲッスムニダ

저도 그렇게 생각합니다. 私もそう思います。
チョド クロッケ センガッカムニダ

말씀하신 것에 찬성합니다. おっしゃることに賛成いたします。
マルスムハシン ゴセ チャンソンハムニダ

완전히 동의합니다. 完全に同意いたします。
ワンジョニ トンイハムニダ

할 수 없습니다. できません。
ハル ス オプスムニダ

지금 바빠요. 今は忙しいです。
チグムン パッパヨ

나중에 합시다.
ナジュンエ ハプシダ

後でやりましょう。

저는 그렇게 생각하지
チョヌン クロッケ センガッカジ
않습니다.
アンスムニダ

私はそうは思いません。

그것은 받아들일 수 없습니다.
クゴスン バダドゥリルス オプスムニダ

それは受け入れられません。

제10장

チクジャン

직장

(職場)

1. 출근チュルグン(出勤)

좋은 아침입니다. **チョウン アッチミムニダ**	おはようございます。
나오셨습니까? **ナオショッスムニカ**	出てこられましたか? (一般的な職場での挨拶)
늦어서 죄송합니다. **ヌジョソ チェソンハムニダ**	遅れてすみません。
지각하면 안됩니다. **チガッカミョン アンデムニダ**	遅刻してはいけませんよ。
자, 오늘도 열심히 일합시다. **チャ、オヌルド ヨルシミ イルハプシダ**	さあ、今日も頑張りましょう。
우선, 이것부터 해주세요. **ウソン、イゴップト ヘチュセヨ**	まずこれからやってください。
일본에서 팩스가 왔습니다. **イルボネソ ペックスガ ワッスムニダ**	日本からファックスが届いています。
부장님, 보고서 봐 주세요. **プジャンニム、ポゴソ バ チュセヨ** (上司の場合は様(ニム)をつける)	部長、報告書を見てください。

김과장, 저 자료 가져와요. **キムカジャン チョ チャリョ カジョワヨ** (部下はニムなし)	金課長、あの資料を 持って来なさい
네, 여기에 준비되어 있습니다. **ネー、ヨギエ ジュンビテォ イッスムニダ**	はい、ここに準備してあります。
이 숫자에 관해서 설명해 봐요. **イ スッチャエ グァネソ ソルミョンヘ バヨ**	この数字について説明してみ てぅださい。
일본어로 번역한 것은 있어요? **イルボノロ ボニョッカン ゴスン イッソヨ**	日本語に翻訳した物はありますか。
이 컴퓨터는 OO과 **イ コンピュウトヌン OOクア**	このコンピュータはOOと
호환성이 있어요? **ホワンソンイ イッソヨ**	互換性がありますか。
일본어(한국어)글자가 뜹니까? **イルボンノ (ハングゴ)クルチャガ トゥムニカ**	日本語の(韓国語)フォントが 入っていますか。
일본어로 인터넷을 **イルボノロ イントネスル**	日本語でインターネットが
볼 수 있어요? **ボル ス イッソヨ**	見られますか。

글자가 깨지는데요. 文字バケが出てしまいました。
クルチャガ ケジヌンデヨ

이 소프트 사용할 수 있어요? このソフトが使えますか。
イ ソプトゥ サヨンハル ス イッソヨ

어떻게 고칠 수 있을까요? 何とか直せますか。
オットケ コチル ス イッスルカヨ

이제 휴식시긴 가질까요? この辺で休憩時間にしましょう。
イゼェ ヒュウシッシガン カジルカヨ

커피라도 마시겠어요? コーヒーでも飲みますか。
コピラド マシゲッソヨ?

韓国事情

韓国のインターネット事情

韓国の街を歩くとあちこちに「PC방(パン)」という看板をよく見かけます。「ＰＣ」はパーソナルコンピュータの略で、「방」は部屋という意味です。日本のインターネットカフェのことですが、どれだけ大勢のユーザーが情報検索やオンラインゲームを楽しんでいるのかがわかります。実は韓国は2001年現在、超高速インターネットの普及率が4世帯あたり１世帯、1ヶ月平均インターネット利用時間が19時間20分と、ともに世界一位で、イギリスの「kingdom」になぞらえて韓国を「netdom」とまで呼んでいる人がいるほどです。また、インターネット利用者をネットの中の市民という意味で「네티즌(ネティズン)」(netizen)といいます。

그럼 커피는 제가 타겠어요. ではコーヒーは私が入れます。
クロム コピヌン チェガ タゲッソヨ

밖에 나가서 담배 한 대 外でタバコを吸ってきます。
パッケ ナガソ タンベ ハンデ

피우고 오겠습니다.
ピウゴ オゲッスムニダ

건강에 안 좋은데, 健康に悪いのに、
コンガンエ アン チョウンデ

그만 끊으시죠. もう止めたらどうですか。
クマン クヌシジョ

練習単語

会社用語

출근하다 チュルクナダ	出勤する	퇴근하다 トェグナダ	退社する
출장가다 チュルッチャンガダ	出張に行く	쉬다 シュイダ	休む
운전하다 ウンジョンナダ	運転する	월급 ウォルクッ	月給
보너스 ポナス	ボーナス		

저도 그렇게 하고 싶은데요.　私もそうしたいのですがね。

チョド クロッケ ハゴ シッププンデヨ

練習単語

事務器具

팩스 ペクス	ファックス	핸드폰 ヘンドゥポン	携帯電話
자동응답기 チャドンウンダッキ	留守番電話	공중전화 コンジュンチョンヌァ	公衆電話

2. 손님대응ソンニム テウン(来客の対応)

실례합니다. シッレハムニダ	失礼いたします。
어디서 오셨습니까? オディソ オショッスムニカ	どちら様ですか。
두 시에 약속한 코바야시입니다. トゥシエ ヤクソカン コバヤシイムニダ	2時にお約束しております 小林です。
박 인구 사장님은 계십니까? バク インク サジャンニムン ケシムニカ	朴仁求社長はいらっしゃいますか。
죄송하지만, 좀 기다리십시오. チェソンハジマン、チョム キダリシプシヨ	申し訳ございませんが、 少々お待ちください。
오래간만입니다. オレガンマニムニダ	お久しぶりですね。
잘 지내셨습니까? チャル チネショッスムニカ	お元気ですか。
네, 덕분에 ネー、トップネ	はい、おかげさまで。

그러면 우리 OO를 それではうちのOOを
クロミョン ウリ OOルル

소개하겠습니다. 紹介します。
ソゲハゲッスムニダ

잘 오셨습니다. よくいらしゃいました。
チャル オショッスムニダ

앞으로 잘 부탁합니다. 今後、よろしくお願いします。
アプロ チャル ブッタカムニダ

일본 경기는 어떻습니까? 日本の景気はいかがですか。
イルボン キョンギヌン オトッスムニカ

여전히 별로 안 좋습니다. 相変わらず、余りよくはありません。
ヨジョニ ピョッロ アン チョッスムニダ

그래도 이 상품은 でもこちらの商品は
クレド イ サンプムン

잘 팔리고 있습니다. よく売れています。
チャル パッリゴ イッスムニダ

그건 잘 됐네요. それは何よりです。
クゴン チャル テッネヨ

또, 주문하고 싶은데요.
ト、チュムナゴ シップンデヨ
また、注文をしたいのですが。

수량을 두배로
スリャンウル トゥベロ
数量を倍に増やしたいと

늘리려고 합니다.
ヌッリリョゴ ハムニダ
思います。

가격을 좀 낮추어
カギョグル チョム ナッチュオ
価格をもう少し安くして

주셨으면 해요.
チュショッスミョン ヘヨ
いただきたいのですが。

납품은 언제까지입니까?
ナップムン オンジェッカジイムニカ
納品はいつまでですか。

한달 내로 해주면 좋겠는데요.
ハンダルネロ ヘチュミョン チョッケッヌンデヨ
一ヶ月以内にして
欲しいのですが。

견적을 지금 내보겠습니다.
キョンジョグル チグム ネボゲッスムニダ
見積もりをすぐ出します。

다시 검토해 보겠습니다.
タシ コムト ヘボゲッスムニダ
改めて検討させていただきます。

이 계약대로 하고자
イ ケヤッテロ ハゴジャ
この契約のとおりにしたいと

생각합니다.
センガッカムニダ
思います。

예전처럼 똑같이 해주세요.
イェジョン チョロム トッカチ ヘチュセヨ
今までと同じでお願いします。

변경이 있으면 바로
ピョンギョンイ イッスミョン パロ
変更があればすぐ

E-메일로, 연락합시다.
E-メイルロ、ヨッラッカプシダ
E-メールで、連絡しましょう。

그럼 오늘밤, 식사나 함께
クロム オヌルパム シクサナ ハムケ
それでは今夜、食事でも

어떻습니까?
オットスムニカ
いかがですか。

그럼 여섯시에 호텔로 찾아
クロム ヨソッシエ ホテッロ チャジャ
では6時にホテルに

뵙겠습니다.
ベッケッスムニダ
伺います。

3. 외출, 퇴사ウェチュル、テサ(外出, 退社)

저는 OO에 들렀다가 약속 **チョヌン OOエ トゥッロッタガ ヤッソッ**	私はOOに寄ってから約束の
장소로 가겠습니다. **チャンソロ カゲッスムニダ**	場所に行きます。
오늘은 먼저 실례합니다. **オヌルン モンジョ シッレハムニダ**	今日はお先に失礼させていただきます。
여러분 수고하세요 **ヨロブン スゴハセヨ**	皆さんお疲れ様です、
내일 만납시다. **ネイル マンナップシダ**	明日あいましょう。

韓国事情

韓国のホテル

韓国のホテル(호텔/ホテル)は部屋数や設備によって5つのランクに分けられていて、特1級、特2級、1級、2級、3級の5等級に分かれています。特級ホテルの料金は、10~30万ウォン台と高いのですが、フィットネス、サウナ、レストラン、バーなどの施設があり、民俗公園やダンスショーなどが楽しめるところもあります。なお韓国のホテルは、室料に10%のサービスチャージが加算されていますので、原則としてチップ(팁/ティプ)は不要です。

제11장

ピョンウォン

병원

(病院)

1. 도움 ドウム(助け)

미안하지만, 좀 도와주세요. **ミアナジマン、 チョム トワ ヂュセヨ**	すみませんが、ちょっと助けてください
살려 주세요.(かなり緊急した状態) **サッリョ ヂュセヨ**	助けてください!
사람 불러 주세요. **サラム プッロ ヂュセヨ**	人を呼んでください。
(의사, 경찰) **(ウィサ、キョンチャル)**	(医者、警察)
근처에 병원은 있습니까? **クンチョエ ピョンウォヌン イッスムニカ**	近くに病院はありますか。
앰뷸런스를 불러 주세요. **エムブュロンスルル プッロ ヂュセヨ**	救急車を呼んでください。

2. 병증상ピョンジュンサン(病状)

병원으로 같이 가 주세요.　病院に一緒に行ってください。
ピョンウォヌロ カチ カ チュセヨ

어떻게 오셨어요?　どうしましたか。
オットケ オショッソヨ

어디 아프세요?　どこが痛いのですか。
オディ アプセヨ

배가 아픈데요.　お腹が痛いのですが。
ペガ アプンデヨ

체한 것 같아요.　食あたりだと思います。
チェハン ゴ カッタヨ

설사가 나요.　下痢をしています。
ソルサガ ナヨ

언제부터 아프세요?　いつ頃から痛いのですか。
オンジェブト アプセヨ

세시간 전부터예요.　3時間前からです。
セシガン ジョンブトエヨ

練習単語

病状言葉と連絡処

약국(약방) ヤックッ(ヤッバン)	薬局(薬室)	감기 カムギ	風邪
두통 トゥトン	頭痛	현기증 ヒョンギチュン	めまい
열이 있다 ヨリイッタ	熱がある	목이 아프다 モギアプダ	喉が痛い
기침 キッチム	咳	치통 チットン	歯痛
충치 チュンチ	虫歯	빈혈 ビンヒョル	貧血
복통 ボットン	腹痛	식중독 シッチュンドク	食中毒
속이 메슥거리다 ソギミメスッコリダ	吐き気	감기약 カムギヤク	風邪薬
화상 ファサン	やけど	진통제 ジントンジェ	痛み止め
해열제 ヘヨルチェ	解熱剤	진단서 ジンダンソ	診断書
여행자보험 ヨヘンジャボホム	旅行者保険	경찰 キョンチャル	警察
일본대사관 イルボンテサガン	日本大使館		

열은 있습니까? 熱はありますか。
ヨルン イッスムニカ

없습니다. ありません。
オプスムニダ

뭘 먹었어요? 何を食べられましたか。
ムォル モゴッソヨ

점심에 냉면을 먹었습니다. お昼に冷麺をたべました。
チョムシメ ネンミョンウル モゴッスムニダ

天気

따뜻하다 タットゥタダ	暖かい	선선하다 ソンソンナダ	涼しい
덥다 トッタ	暑い	춥다 チュッタ	寒い
눈 ヌン	雪	태풍 テプン	台風
홍수 ホンス	洪水	구름 クロム	雲
바람 バラム	風	동서남북 ドンソナンプッ	東西南北

무슨 지병 같은 것은 없으세요? ムスン チビョン カトゥン ゴスン オプスセヨ	何か持病はありますか。
원래 좀 위장이 약합니다. ウォンレ チョム ウィジャンイ ヤッカムニダ	もともと少し胃腸が弱いです。
고혈압입니다. コヒョラビムニダ	高血圧症です。
당뇨병이 있습니다. タンニョビョンイ イッスムニダ	糖尿病を患っています。
매일 약을 먹고 있습니다. メイル ヤグル モッコ イッスムニダ	毎日薬を飲んでいます。
알레르기 체질이에요. アレルギ チェジリエヨ	アレルギー体質です。
병명이 뭐예요? ピョンミョンイ ムォエヨ?	病名はなんでしょう。
급성 장염입니다. クッソン チャンヨムイムニダ	急性腸炎です。

괜찮을까요? 大丈夫でしょうか。
ケンチャヌルカヨ?

안정을 취하면 곧 安静にしていればすぐ
アンジョン ウル チュィハミョン

좋아집니다. よくなるでしょう。
コッ チョアジムニダ

검사가 필요해요. 検査が必要ですね。
コムサガ ピリョヘヨ

오한이 납니다. 寒気がします。
オハニ ナムニダ

감기 걸렸습니다. 風邪をひいています。
ガンギ コッリョスムニダ

기침이 심해서 숨을 咳がひどくて息ができません。
キチミ シメソ スムル

쉴 수가 없어요.
シィル スガ オプソヨ

두통이 심합니다. 頭痛ひどいです。
トゥトンイ シマムニダ

전부 토해 버렸습니다.
チョンブ トヘ ボリョッスムニダ。
みんな吐いてしまいました。

차에 다쳤어요.
チャエ タチョッソヨ
車にぶつけられました。

피가 멎지 않습니다.
ピガ モッチ アンスムニダ
血が止まらないのですが。

벌에 물렸어요.
ボレ ムッリョッソヨ
蜂に刺されてしまいました。

처방전을 가지고
チョバンジョンヌル ガジゴ
処方箋を持って薬局に

약국으로 가세요.
ヤックグロ ガセヨ
行ってください。

이 약은 어떻게 먹죠?
イ ヤグン オトッケ モッチョ?
この薬はどう飲めば
よいのですか。

이 해외(여행자) 보험은
イ ヘウェ(ヨヘンジャ)ボホムン
この海外(旅行者)保険は

쓸 수 있어요?
スル ス イッソヨ?
使えますか。

부록

1. 韓国の文字(ハングル)

「ハングル」とは、韓国の文字のことです。“한글”と2文字で書きます。初めの“한”を[ハン]、次の“글”を[グル]と読みます。もつと細かく分けると、“한”は、“ㅎ”、“ㅏ”、“ㄴ”の3つの要素、すなわち、子音の[h]と母音の[a]それに語末子音の[n]からなっており、[han]。“글”は、[g]子音の“ㄱ”と母音[ɯ]にあたる“ㅡ”、[l]にあたる語末子音“ㄹ”からなる文字で、[gɯl]と発音されるのです。

한 ← ㅎ ＋ ㅏ ＋ ㄴ [h] ＋ [a] ＋ [n] → [han] ＝ [ハン]

글 ← ㄱ ＋ ㅡ ＋ ㄹ [g] ＋ [ɯ] ＋ [l] → [gɯl] ＝ [グル]

“한글”の“한”[ハン]は、大きい、偉大という意味で、“글”[クル]は文字のこと。語中で[グル]と濁って発音されます。文字に対してことばは、“말”[マール]と言い、韓国語は“한국말”[ハングンマール]、朝鮮語を“조선말”[チョソンマール]と言っていますが、民族自身は、親近感をもって“우리 말”[ウリマール](私たちのことば)とも呼んでいます。

さて、民族語としての[ハングンマール]、[チョソンマール]は古くから使われてきたわけですが、「ハングル」は比較的新しい文字で、出来たのは15世紀に入ってからです。

1443年、李王朝第4代目の王、世宗「セージョン」によって制定され、1446年に「訓民正音」という名称で公布されました。

「民に教える正しい音」の意味のこの本の前文には、「わが国のことばは中国語と異なっているので、民衆は言いたいことをうまく書き表せないでいる者が多い。たいへん残念である。新たに文字を創り、みんなに習わせ、日常の用に役立たせるようにしたい」という意味の王のことばが書かれています。

「ハングル」は、 このように、 ①民衆のために創られた民族固有の文字である、 ほかに、 ②発音器官(口、 歯、 唇、 舌、 喉 など)をかたどって作られたユニークな字体をもつ独創的な文字である、 ③中国の漢字や、 日本の仮名と違って、 子音字と母音字とからなる音素文字である(当初は28文字であったが、 現在では、 基本になる10の母音と、 14の子音の合わせて24文字が使われている)、 ④民族の「マール」(ことば)は表記できるばかりか、 習いやすく書きやすい、 などの特徴をもっています。

ところで、 韓国語は、 語順や文法の特徴が日本語に非常に似ています。(私は日本人です)は、“나”(私) “는”(は) “일본사람”(日本人) “입니다”(です)を続けにて “나는 일본사람입니다”[ナヌンイルボンサーラミムニダ]と言います。

また、(神田へ行く)ば、“간다”(神田) “에”(へ) “간다”(行く)を続けて “간다에 간다”[カンダエカンダ](神田へ行った)は “갔다”(行った)を付けて “간다에 갔다”[カンダエカッタ]。(神田へ行きます)は、“갑니다”(行きます)を付けて、“간다에 갑니다”[カンダエカムニダ]。(神田へ行きました)は、“갔습니다”(行きましだ)を付けて “간다에 갔습니다”[カンダエ カッスムニダ]となります。

日本語の語順とほとんど同じように言います。このほか、“てにをは”もあり、 目上の人に対する敬語もあります。

単語には、 韓国固有の単語と、 漢字からきた単語の2つがあって、 別々に使ったり、 混用したりしていますが、 漢字の読み方は、 1つの文字に1つの音しかないのと、日本語の単語は同じ単語が多く、音読みの発音が似ているので、 日本語で生活する人にとってはたいへん親しみやすいのです。

ただ、 日本語よりも母音の数が多いこと、文字における清音と濁音の区別がないこと、日本語にない「濃音」や「激音」の区別があること、さらに子音で終わる単語[パッチム]があり、それに母音で始まるほかの単語が続く場合には、語末の子音が次の単語の語頭で発音されること、子音同士が同化して別の音になって発音されることなど、発音のしくみの異なる点もありますが、これらは、練習しだいで立派に通じるようになりますから、心配ありません。

それでは、文字と発音から見ることにしましょう。

韓国の文字は、子音と母音の組み合わせによってできている。

1) 母　音

母音は、縦棒と横棒とで表記される。母音の数は、10個の基本母音と、これをもとにしてできた合成母音が11個、合わせて21個ある。

(1) 10個の基本母音

① 아[ア : a]

② 야[ヤ : ya]

③ 어[オ : ɔ]

④ 여[ヨ : yɔ]

⑤ 오[オ : o]

⑥ 요[ヨ : yo]

⑦ 우[ウ : u]

⑧ 유[ユ : yu]

⑨ **으**[ウ：ɯ]

⑩ **이**[イ：I]

(太字が母音字。ㅇは無音子音で、母音だけの発音)

<発声法>

① **아** ：日本語の「ア」とほぼ同し。 やや大きく口を開けると、 きれいに聞こえる。 舌の先を上げないように。

② **야** ：日本語の「ヤ」とほぼ同し。 やや口を大きく開けると、 きれいに聞こえる。

③ **어** ：「ア」と「オ」の中間的な感じで発音する。 口を縦に大きく開けて、 舌先を小し歯へ移して発音する。

④ **여** ：「ヤ」と「ヨ」の中間的な感じで発音する。 口を縦に大きく開けて。

⑤ **오** ：日本語の「オ」と同じだが、 唇を丸くして発音する。

⑥ **요** ：日本語の「ヨ」と同じだが、 唇を丸くして発音する。

⑦ **우** ：日本語の「ウ」に近い発音。唇を丸くして発音する。

⑧ **유** ：日本語の「ユ」に近い発音。唇を丸くして発音する。

⑨ **으** ：思いきり唇を左右にひいて「ウ」と発音する。

⑩ **이** ：歯と歯をかみ合わせるぐらいせばめ、 唇を左右にひいて発音する。

<ポイント>

[オ]、[ヨ]、[ウ]は2つずつあるが、あとの方はそれぞれ唇を丸くすぼめて發音する。

[オ]：ㅓ [ɔ]・ㅗ [o]

[ヨ]：ㅕ [yɔ]・ㅛ [yo]

[ウ]：ㅡ [ɯ]・ㅜ [u]

(2) 合成母音(11個)

① **애**[エ：ɛ]

② **얘**[イェ：yɛ]

③ **에**[エ：e]

④ **예**[イェ：ye]

⑤ **와**[ワ：wa]

⑥ **왜**[ウェ：wɛ]

⑦ **외**[ウェ：we]

⑧ **워**[ウォ：wɔ]

⑨ **웨**[ウェ：we]

⑩ **위**[ウィ：wi]

⑪ **의**[ウィ：ɯi]

（ㅇは、それぞれの子音が入る場所）

<ポイント>

• 2つの[エ]：③のㅔは日本語の「エ」とほとんど同じ発音。
①のㅐはこれよりもっと口を開けて発音する。

• 2本の横棒をもつ ② ㅒ、④ ㅖは、いずれも[イ]からスタートする音だが、 終わるときの口の開き具合は、ㅒの方がㅖより広く開いた発音になる。

• ⑤ ㅘ[ワ]、⑥ ㅙ[ウェ]、⑦ ㅚ[ウェ]、⑧ ㅝ[ウォ]、⑨ ㅞ[ウ

ㅠ]、⑩ ㅟ[ウィ]は、いずれもスタートのとき唇を丸くする。

・⑪のㅢは唇を丸くしないで横にひいて発音する。⑩のㅟと同じにならないように注意。

・本来、ㅚ[ウェ]とㅞ[ウェ]は異なる音だが、現在ではほとんど同じように発音する。

<単　語>

1. 아이(アイ)[子供]	2. 여우(ヨウ)[狐]
3. 오이(オイ)[きゅうり]	4. 우유(ウユ)[牛乳]
5. 이유(イユ)[理由]	6. 애(エ)[子供]
7. 예의(イェーイ)[禮儀]	8. 왜(ウェ)[なぜ]
9. 위(ウィ)[上]	10. 의외(ウイウェ)[意外]

＊ [ ] は漢字語

陽母音	ㅏ, ㅗ, ㅐ, ㅚ
陰母音	ㅓ, ㅜ, ㅔ, ㅟ
中性母音	ㅣ, ㅡ

2) 子　音

子音は、発音するときの口の内部のさまざまな器官の形をもとに作られている。

子音字は基本になる14個の子音に、5個の濃音を合わせた19個で構成されている。

<14個の子音と濃音>

① ㄱ [k, g]
② ㄴ [n]
③ ㄷ [t, d]
④ ㄹ [r, l]
⑤ ㅁ [m]
⑥ ㅂ [p, b]
⑦ ㅅ [s, ʃ]
⑧ ㅇ [ŋ]
⑨ ㅈ [tʃ, ʤ]
⑩ ㅊ [$tʃ^h$]
⑪ ㅋ [k^h]
⑫ ㅌ [t^h]
⑬ ㅍ [p^h]
⑭ ㅎ [h]

<濃　音>

⑮ ㄲ [kk]
⑯ ㄸ [tt]
⑰ ㅃ [pp]
⑱ ㅆ [ss, ʃʃ]
⑲ ㅉ [ttʃ]

<発声法>

① ㄱ：日本語のカ行の発音とほぼ同じ。 語中では濁音(有声音)になる。ただし鼻音ではない。 예 가구[ガグ][家具]

② ㄴ：日本語のナ行とほぼ同じ。 예 나라[ナラ](国)

③ ㄷ：日本語のタ行の発音とほぼ同じ。 語中では濁音になる。 예 다리[タリ](橋)、사다리[サダリ](はしご)

④ ㄹ：日本語のラ行とほぼ同じ。 ただし母音のあと(語末)に府くと[l]音になる。

예 소리[ソリ](音)、말[マル](馬)

⑤ ㅁ：日本語のマ行とほぼ同じ。 예 다시마 [ダシマ][昆布]

⑥ ㅂ：日本語のパ行とほぼ同じ。 語中では濁音になる。 예 부부[ブブ][夫婦]

⑦ ㅅ：日本語のサ行とほぼ同じ。 語中でも濁音になるらない。 예 수수 [スゥスゥ](もろこし)

⑧ ㅇ：母音字の前では音価がをく、母音のあとに付くと[ン・ŋ]とをる。예 아이[アイ](子供)、강[カン](川)

⑨ ㅈ： 日本語のチャ行とほぼ同じ。語中では濁音になる. 예자리[ヂャリ](席)、기자(キヂャ)((記者))

⑩ ㅊ：“ㅈ”を息を強く出して発音する。 激音。 예 치마[チマ](スカート)

⑪ ㅋ：“ㄱ”を息を強く出して発音する。激音。예 코[コ](鼻)

⑫ ㅌ：“ㄷ”を息を強く出して発音する。 激音。 예 도토리[トトリ](どんぐり)

⑬ ㅍ：“ㅂ”を息を強く出して発音する。激音。예 파[パ](ねぎ)

⑭ ㅎ：日本語のハ行とほぼ同じ発音。 예 허리[ホリ](腰)

⑮ ㄲ：[カ]の前に「ッ」を付けたような発音。 息を吐き出さない。 濃音。예 까치[ッカーチ](かささぎ)

⑯ ㄸ：[タ]の前に「ッ」を付けたような発音。 息を吐き出さない。 濃音。예 또[ット](また、ほかに)

⑰ ㅃ：[ハ]の前に「ッ」を付けたような発音。 息を吐き出さない。 濃音。예 오빠[オッバ](兄/妹がいう)

⑱ ㅆ：[サ]の前に「ッ」を付けたような発音。 息を吐き出さない。 濃音。예 싸다[ッサダ](安い)、아가씨[アガッシ](お嬢さん)

⑲ ㅉ：[チャ]の前に「ッ」を付けたような発音。 息を吐き出さない。 濃音。예 짜다[ッチャダ](塩辛い)

〈ポイント(初声の場合)〉

平音：ㄱ，ㄷ，ㅂ，ㅅ，ㅈ（語頭では無声音。ㅅ以外、語中では有聲音）

激音：ㅋ，ㅌ，ㅍ，ㅊ（語頭、語中による發音の變化なし）

濃音：ㄲ，ㄸ，ㅃ，ㅆ，ㅉ（語頭、語中による發音の變化なし）

<単　音>

1. 구두(靴) クゥドゥ
2. 나무(木) ナム
3. 자리(席) チャリ
4. 시계[時計] シゲ
5. 회사[会社] フェーサ
6. 꼬리(尾) コリ
7. 뿌리(根) ッリ
8. 코끼리(象) コッキリ
9. 찌개(鍋物) チゲ
10. 보따리(包み) ポッタリ

反切表

	ㅏ [a]	ㅑ [ya]	ㅓ [ɔ]	ㅕ [yɔ]	ㅗ [o]	ㅛ [yo]	ㅜ [u]	ㅠ [yu]	ㅡ [ū]	ㅣ [i]
ㄱ [k, g]	가	갸	거	겨	고	교	구	규	그	기
ㄴ [n]	나	냐	너	녀	노	뇨	누	뉴	느	니
ㄷ [t, d]	다	댜	더	뎌	도	됴	두	듀	드	디
ㄹ [r, l]	라	랴	러	려	로	료	루	류	르	리
ㅁ [m]	마	먀	머	며	모	묘	무	뮤	므	미
ㅂ [p, b]	바	뱌	버	벼	보	뵤	부	뷰	브	비
ㅅ [s, ʃ]	사	샤	서	셔	소	쇼	수	슈	스	시
ㅇ [ŋ]	아	야	어	여	오	요	우	유	으	이
ㅈ [tʃ, ʤ]	자	쟈	저	져	조	죠	주	쥬	즈	지
ㅊ [tʃ^h]	차	챠	처	쳐	초	쵸	추	츄	츠	치
ㅋ [k^h]	카	캬	커	켜	코	쿄	쿠	큐	크	키
ㅌ [t^h]	타	탸	터	텨	토	툐	투	튜	트	티
ㅍ [p^h]	파	퍄	퍼	펴	포	표	푸	퓨	프	피
ㅎ [h]	하	햐	허	혀	호	효	후	휴	흐	히
ㄲ [kk]	까	꺄	꺼	껴	꼬	꾜	꾸	뀨	끄	끼
ㄸ [tt]	따	땨	떠	뗘	또	뚀	뚜	뜌	뜨	띠
ㅃ [pp]	빠	뺘	뻐	뼈	뽀	뾰	뿌	쀼	쁘	삐
ㅆ [ss, ʃʃ]	싸	쌰	써	쎠	쏘	쑈	쑤	쓔	쓰	씨
ㅉ [ttʃ]	짜	쨔	쩌	쪄	쪼	쬬	쭈	쮸	쯔	찌

2. 韓国語の特徴

少しでも韓国語の勉強をした経験のある方には、 韓国語と日本語が同様に、アルタイ語系であろうと言われている所以が理解できるのではないだろうか。両語は互いに多くの共通点を持ち合わせているので、 対比させながら列挙すると、

1) 文章の語順である。
「例」 쥐가 고양이에게 잡혔다.
ねずみが、 猫に捕まった。

2) 用言(動詞・形容詞)の語尾の活用である。 但し、韓国語には形容動詞はない。

動詞の基本活用表

基本形(終止形)	語幹	語尾					
		未然形	否定形	連用形	連体形	仮定形	命令形
쓰다	쓰	자	지 않는다	ㅂ니다	ㄹ/는	면	어라
使う	使	使おう	使わない	使います	使う	使えば	使え

3) 助詞「て、に、を、は」の存在である。
これらの共通点は、 韓国語を学ぶ日本人にとって、 大きなプラス要因になると思われる、しかし、 韓国語と日本語の文法上の違いがないわけではない。引用すると,

① 韓国語には冠詞はないが、日本語の連體形に似た冠形詞がある。

② 助詞の種類は非常に多い。

③ 動詞は活用語尾が非常に複雑で発達している。

④ 形容詞は動詞に似ている。

⑤ 韓国語には接続詞がない。

⑥ 韓国語には前置詞がない。

⑦ 韓国語には形容動詞がない。

※韓国語を理解する上で、動詞・形容詞の活用、及び時制の變化はとくに重要である。

⑧ 韓国語は、

- 子音
  - 14字<ㄱ, ㄴ, ㄷ, ㄹ, ㅁ, ㅂ, ㅅ, ㅇ, ㅈ, ㅊ, ㅋ, ㅌ, ㅍ, ㅎ>
  - 5字(二重子音)<ㄲ, ㄸ, ㅃ, ㅆ, ㅉ>

- 母音
  - 10字<ㅏ, ㅑ, ㅓ, ㅕ, ㅗ, ㅛ, ㅜ, ㅠ, ㅡ, ㅣ>
  - 11字(二重母音)<ㅐ, ㅒ, ㅔ, ㅖ, ㅘ, ㅚ, ㅙ, ㅝ, ㅞ, ㅟ, ㅢ>

- 日本語では、ㅓ、ㅕ、ㅡは発音できない。→ 어머니(オモニ)
- 日本語には 받침(パッチム)がない。

  ※ 韓国語には 받침(パッチム) がある。→ 서울(ソウル)
- 韓国語は子音と母音の組み合せである。

방(部屋) [子音] + [母音]

+

[子音]

⑨ 韓国語の漢字音は日本語と似ている。

※ 漢字一字はハングルでも一字である。

意味(의미)、国家(국가)

韓国(한국)、日本(일본)

ここで、文法からハングル文字に話を転じてみよう。そもそもハングル文字が誕生したのは、今を遡ること 550年前の1446年である。当時の世宗大王が若手の学者の協力を得て、王自ら創案されたと伝えられ、「訓民正音」の名の下に、「民に教える正しい文字」としての充分な動機のもとに制定されている。このハングル文字は、障子の骨組みの紋様を起源にしていると言われているが、諸説がある。また、この文字は音素文字と言われ、1文字が1単音を示す。たとえば、"ハングル"は"한글"と書き、"ハン"と"グル"は、それぞれ、子音＋母音+子音、あるいは、"行く"の場合は"가다"で、それぞれ、子音＋母音の組合せになる。

日本語の仮名の場合は、ア行が母音だけである以外は、全て子音＋母音の組合せである。従って、ハングル文字に見るような、子音＋母音＋子音の組合せの形はない。すなわち、韓国語の"하나(一つ)""둘(二つ)""셋(三つ)"のように子音で終る言葉はない。

発音は日本人が最も苦労を強いられるところである。まず、母音については、日本語の「あいうえお」に5字加えて基本母音が合計10字、更に二重母音を加えると合計21字ある。子音については、基本子音14字、二重子音5字の合計19字である。50音で成り立っている日本語に比べると、韓國語は基本の母音と子音の組合せだけでも 140字と約3培であるから、口がモゴモゴするのは仕方のないことかもしれないが、ハングルの原理は科學的に出来ている。すなわち、子音の “ㄱ” “ㄴ” “ㅁ” “ㅅ” “ㅇ”は、見たとおり、舌や唇や歯や咽喉の形をあらわしている。

3. 名詞(代名詞, 数詞)

名詞には、 固有語の名詞と漢字語の名詞との2種類がある。 たとえば、「椅子」は漢字をそのまま音読みして“의자”[ウィジャ]と言うが、 ほかに固有語で“걸상”[コルサン]とも 言う。このように、単語によっては漢字語と固有語の2つを持つものもあり、 漢字語で言うか、 固有語で言うのかは、使う人の気持ちによって違ってくる。

ただ、“의자”は語末が母音で終わっており、“걸상”は子音で終わっている。 このことは、ことばの発音上、 大事な要素であることを心にとめておきたい。

A：語末が母音の単語	**B：語末が子音の単語**
1. 할아버지(おじいさん) ハラボジ	형(兄) ヒョン
2. 할머니(おばあさん) ハルモニ	동생(弟妹) トンセン
3. 아버지(父) アボジ	사람(人) サーラム
4. 어머니(母) オモニ	남편(男便) 夫 ナンピョン
5. 아저씨(おじさん) アジョシ	아들(息子) アドゥル
6. 아주머니(おばさん) アジュモニ	딸(娘) タル
7. 오빠(兄/妹が言う) オッパ	밥(ごはん) パブ
8. 언니(姉さん/妹が言う) オンニ	국(スープ) クク

9. 나(僕・私) ナ
10. 너(君・お前) ノ
11. 우리(我々) ウリ
12. 형제[兄弟] ヒョンジェ
13. 치마(スカート) チマ
14. 저고리(チョゴリ) チョゴリ
15. 배(梨・舟) ペ
16. 사과(りんご) サグァ
17. 딸기(いちご) タルギ
18. 감자(じゃがいも) ガンジャ
19. 여기(ここ) ヨキ
20. 거기(そこ) チキ
21. 저기(あそと) ナョキ
22. 어디(どこ) オディ
23. 누구(誰) ヌグ
24. 얼마(いくら) オルマ
25. 편지[便紙] 手紙 ピョンジ
26. 잡지[雜紙] チャプチ
27. 한자[漢字] ハンチャ
28. 역사[歴史] ヨクサ

술(酒) スル
아침(朝, 朝ごはん) アチム
점심(昼・ごはん) ナョムシム
저녁(夕方, 晩ごはん) チョニョク
당신(あをた) タンシン
선생님[先生] ソンセンニム
집(家) ナップ
방[房] (部屋) パン
화장실 [化粧室] ファジャンシル
옷(衣類) オッ
이것(これ) イゴッ
그것(それ) クゴッ
저것(あれ) チョゴッ
무엇(何) ムオッ
한글(ハングル) ハングル
연필[鉛筆] ヨンピル
신문(新聞) シンムン
수첩(手帳) スチョブ
책[冊] 本 チェク
사전 [辞典] サジョン

29.	문화[文化]	ムナ	학생[学生]	ハクセン
30.	연구[研究]	ヨーング	회사원[会社員]	フェーサウォン
31.	바다[海]	パダ	산[山]	サン
32.	교외[郊外]	キョウェ	뜰 (庭)	トゥル
33.	학교(学校)	ハッキョ	온천 [温泉]	オンチョン
34.	고기(肉)	コギ	이쪽(こちら)	イヂョク
35.	우유(牛乳)	ウユ	그쪽(そちら)	クヂョク
36.	야채[野菜]	ヤーチェ	저쪽(あちら)	チョヂョク
37.	열차[列車]	ヨルチャ	지하철[地下鐵]	チハチョル
38.	자동차[自動車]	チャドンチャ	항공편[航空便]	ハンゴンピョン
39.	버스(バス)	ポス	우편[郵便]	ウピョン
40.	자전거[自転車]	チャジョンゴ	칼(ナイフ)	カル
41.	비행기[飛行機]	ピヘンギ	물(水)	ムル
42.	가위(はさみ)	カーウィ	꽃(花)	ゴッ
43.	종이(紙)	チョンイ	방송[放送]	バンソン
44.	나무(木)	ナム	서울(ソウル)	ソウル
45.	대구[大邱]	テグ	부산[釜山]	プサン
46.	부여[扶余]	プヨ	동대문[東大門]	トンデムン
47.	김포[金浦]	キムポ	남대문[南大門]	ナムデムン
48.	하나(ひとつ)	ハナ	둘(二つ)	トゥル

49. 사(サー)[四]　　아홉(アホプ)(九つ)

50. 오(オー)[五]　　열(ヨール)(十)

漢数詞(年月日, 分・秒, お金の計算など)

1 — 일(イル)　　2 — 이(イー)
3 — 삼(サム)　　4 — 사(サー)
5 — 오(オー)　　6 — 육(ユク)
7 — 칠(チル)　　8 — 팔(パル)
9 — 구(ク)　　10 — 십(シプ)
20 — 이십(イーシプ)　　30 — 삼십(サムシプ)
40 — 사십(サーシプ)　　50 — 오십(オーシプ)
百 — 백(ペク)　　千 — 천(チョン)
万 — 만(マン)　　千万 — 천만(チョンマン)
億 — 억(オク)　　兆 — 조(チヨ)

• 月日

1月 — 일월(イロル)　　2月 — 이월(イーウオル)
3月 — 삼월(サモル)　　4月 — 사월(サーウオル)
5月 — 오월(オーウオル)　　6月 — 유월(ユーウオル)
7月 — 칠월(チロル)　　8月 — 팔월(パロル)
9月 — 구월(クウオル)　　10月 — 시월(シーウオル)
11月 — 십일월(シビロル)　　12月 — 십이월(シビーウオル)

1日 — 일일(イリル)　　2日 — 이일(イーイル)

3日 — 삼일(サミル)
4日 — 사일(サーイル)
5日 — 오일(オーイル)
6日 — 육일(ユギル)
7日 — 칠일(チリル)
8日 — 팔일(パリル)
9日 — 구일(クイル)
10日 — 십일(シビル)
11日 — 십일일(シビリル)
12日 — 십이일(シビーイル)
13日 — 십삼일(シプサミル)
14日 — 십사일(シプサーイル)
15日 — 십오일(シボーイル)
16日 — 십육일(シムニユギル)
17日 — 십칠일(シプチリル)
18日 — 십팔일(シプパリル)
19日 — 십구일(シプクイル)
20日 — 이십일(イーシビル)
21日 — 이십일일(イーシビリル)
22日 — 이십이일(イーシビーイル)
23日 — 이십삼일(イーシプサミル)
24日 — 이십사일(イーシプサーイル)
25日 — 이십오일(イーシボーイル)
26日 — 이십육일(イーシムニュギル)
27日 — 이십칠일(イーシプチリル)
28日 — 이십팔일(イーシプパリル)
29日 — 이십구일(イーシプクイル)
30日 — 삼십일(サムシビル)

• 分

1分 — 일분(イルブン)
5分 — 오분(オーブン)
10分 — 십분(シッブン)
30分 — 삼십분(サムシップン)
45分 — 사십오분(サーシボープン)

• 秒

1秒 — 일초(イルチヨ)
10秒 — 십초(シプチヨ)

30秒 — 삼십초(サムシプチョ) 60秒 — 육십초(ユクシプチョ)
90秒 — 구십초(クシプチョ)

・週など

1週間 — 일주일(イルチュイル) 2週間 — 이주일(イーヂュイル)
3週間 — 삼주일(サムヂュイル) 1か月 — 한달(ハンダル)

固有数詞(個数, 匹, 人, 時間など)

1つ — 하나(ハナ) 2つ — 둘(トゥル)
3つ — 셋 (セッ) 4つ — 넷(ネッ)
5つ — 다섯(タソッ) 6つ — 여섯(ヨソッ)
7つ — 일곱(イルゴプ) 8つ — 여덟(ヨドル)
9つ — 아홉(アホプ) 10 — 열(ヨル)

・単位名を伴う場合

1人 — 한사람(ハンサーラム) 2人 — 두사람(トゥーサーラム)
3人 — 세사람(セーサーラム) 4人 — 네사람(ネーサーラム)

1個 — 한개(ハンゲ) 2個 — 두개(トウーゲ)
3個 — 세개(セーゲ) 10個 — 열개(ヨルケ)

1本 — 한병(ハンビョン) 2本 — 두병(トウービョン)
3本 — 세병(セービョン) 10本 — 열병(ヨルピョン)

• **時間**

1時 — 한시(ハソシ)
2時 — 두시(トウーシ)
3時 — 세시(セーシ)
4時 — 네시(ネーシ)
5時 — 다섯시(タソツシ)
6時 — 여섯시(ヨソッシ)
7時 — 일곱시(イルゴプシ)
8時 — 여덟시(ヨドルシ)
9時 — 아홉시(アホプシ)
10時 — 열시(ヨルシ)
11時 — 열한시(ヨランシ)
12時 — 열두시(ヨルトウーシ)
午前10時半 — 오전 열시 반(オーヂョンヨルシパン)
午後6時20分 — 오후 여섯시 이십분(オーフ ヨソッシ イーシップン)

曜日・日など

曜日 — 요일(ヨイル)
月曜日 — 월요일(ウォリョイル)
火曜日 — 화요일(ファョイル)
水曜日 — 수요일(スヨイル)
木曜日 — 목요일(モギョイル)
金曜日 — 금요일(クミョイル)
土曜日 — 토요일(トヨイル)
日曜日 — 일요일(イリョイル)

今週 — 이번주(イボンチュ)
来週 — 다음주(タウムチュ)
先週 — 지난주(チナンヂュ)
毎日 — 매일(メイル)
一昨日 — 그저께(クヂョッケ)
昨日 — 어제(オヂェ)
今日 — 오늘(オヌル)
明日 — 내일(ネイル)
あさって — 모레(モレ)

朝 — 아침(アチム)
午前 — 오전(オーヂョン)
午後 — 오후(オーフ)
午後に — 오후에(オーフエ)

夕方 — 저녁(チョニョク)　夕方に — 저녁에(チョニョゲ)
夜 — 밤(パム)　夜に — 밤에(パメ)

いま — 지금(チグム)　すぐ — 곧(ユッ)
あとで — 나중에(ナヂュンエ)

春 — 봄(ポム)　夏 — 여름(ヨルム)
秋 — 가을(カウル)　冬 — 겨울(キョウル)

家族

私 — 저(チョ)　私は — 저는(チョヌン)
私が — 제가(チェガ)　ぼく — 나(ナ)
私たち — 우리들(ウリドウル)　我々 — 우리(ウリ)
私に — 저한테(チョハンテ)　私も — 저도(チョド)
私と — 저하고(チョハゴ)　私を — 저를(チョルル)

あなた — 당신(タンシン)
あなたは — 당신은(タンシヌン)
あなたが — 당신이(タンシニ)
あなたに — 당신한테(タンシンハンテ)
あなたも — 당신도(タンシンド)
あなたと — 당신하고(タンシンハゴ)
あなたを — 당신을(タンシヌル)
父 — 아버지(アボヂ)　母 — 어머니(オモニ)
両親 — 부모(プモ)　兄 — 형(ヒョン)

兄 — 오빠(オッパ)
姉 — 누나(ヌナ)
姉 — 언니(オンニ)
弟 — 동생(トンセン)
妹 — 여동생(ヨドンセン)
夫 — 남편(ナムピョン)
妻 — 집사람(チプサーラム)
息子 — 아들(アドゥル)
娘 — 딸(タル)

シヨツビング

商店 — 가게(カーゲ)
民芸品店 — 민예품점(ミニェプムチョム)
免税店 — 면세점(ミョンセチョム)
免税品 — 면세품(ミョンセプム)
客 — 손님(ソンニム)
店員 — 점원(チョムォン)
絹織物 — 견직물(キョンヂンムル)
ネクタイ — 넥타이(ネクタイ)
宝石 — 보석(ポーソク)
洋服 — 양복(ヤンボク)
皮 — 가죽(カヂュク)
煙水晶 — 연수정(ヨンスヂョン)
紫水晶 — 자수정(チャスヂョン)
壁掛け — 벽걸이(ピョッユリ)
白磁 — 백자(ペックチャ)
青磁 — 청자(チョンヂャ)
くつ — 구두(クドゥ)
タバコ — 담배(タンベ)

4. 韓国の主な地名・都市名

1. ソウル－서울(ソウル)
2. 仁川－인천(インチョン)
3. 水原－수원(スウォン)
4. 利川－이천(イチョン)
5. 丹陽－단양(タニャン)
6. 春川－춘천(チュンチョン)
7. 原州－원주(ウォンヂュ)
8. 雪岳山－설악산(ソラクサン)
9. 束草－속초(ソクチョ)
10. 江陵－강릉(カンヌン)
11. 天安－천안(チョナン)
12. 温陽－온양(オニャン)
13. 大田－대전(テヂョン)
14. 公州－공주(コンヂュ)
15. 扶余－부여(プヨ)
16. 俗離山－속리산(ソンニサン)
17. 清州－청주(チョンヂュ)
18. 忠州－충주(チュンヂュ)
19. 全州－전주(チョンヂュ)
20. 安東－안동(アンドン)
21. 儒城－유성(ユソン)
22. 浦項－포항(ポハン)
23. 慶州－경주(キョンヂュ)
24. 大邱－대구(テグ)
25. 密陽－밀양(ミリャン)
26. 蔚山－울산(ウルサン)
27. 金泉－김천(キムチョン)
28. 光州－광주(クヮンヂュ)
29. 木浦－목포(モヮポ)
30. 益山－익산(イヮサン)
31. 晋州－진주(チンヂュ)
32. 馬山－마산(マサン)
33. 釜山－부산(プサン)
34. 海雲台－해운대(ヘウンデ)
35. 忠武－충무(チュンム)
36. 鎭海－진해(チネ)
37. 麗水－여수(ヨス)
38. 済州－제주(チェヂュ)
39. 中文－중문(チュンムン)
40. 西帰浦－서귀포(ソグィポ)

5. ソウル地下鐵路線圖

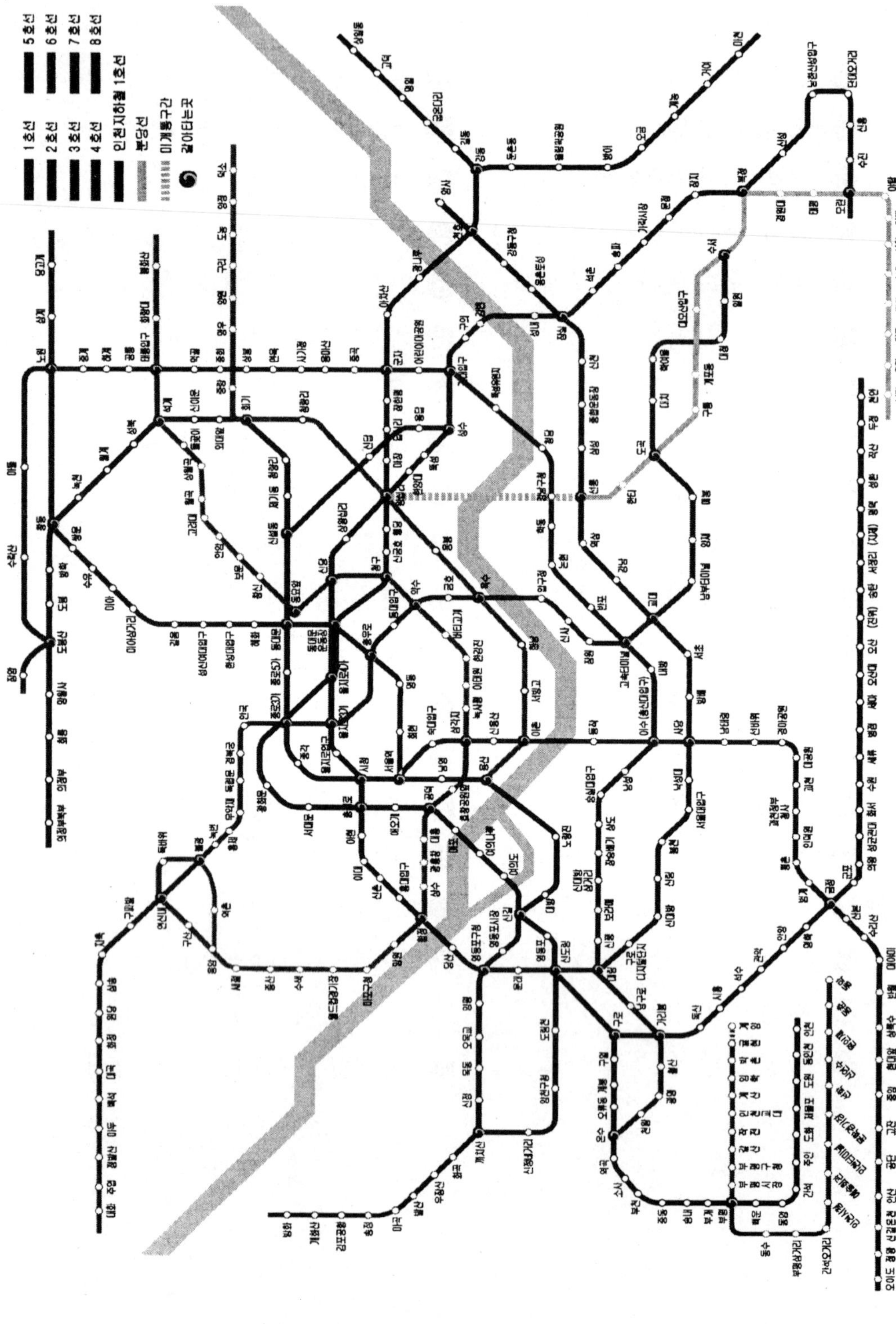

6. 釜山地下鉄路線図

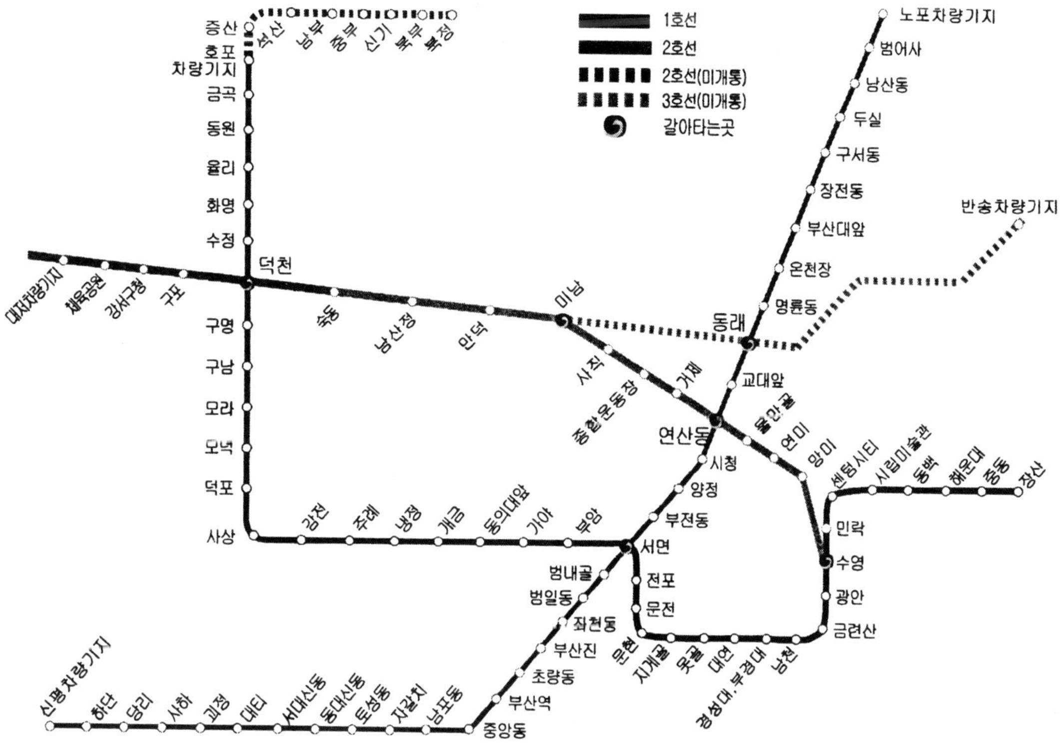
1호선
2호선
2호선(미개통)
3호선(미개통)
갈아타는곳
노포차량기지
범어사
남산동
두실
구서동
장전동
부산대앞
온천장
명륜동
동래
교대앞
연산동
시청
양정
부전동
서면
범내골
범일동
좌천동
부산진
초량동
부산역
중앙동
증산
호포
차량기지
금곡
동원
율리
화명
수정
덕천
구명
구남
모라
모덕
덕포
사상
미남
민락
수영
광안
금련산
전포
문전
반송차량기지

7. 韓国の祝祭日

韓国には、年間で14日の祝日があります。交通が混雑したり、店が休みになる場合もありますから、あらかじめ知っておくとよいでしょう。

- 1月 1日/新正月　1日～3日まではほとんどの店が休業になゐ。
- 1月 1日(陰暦) / 民俗の日　旧歴の正月。
- 3月 1日 / 三・一節　日本からの独立記念日。
- 4月 5日 / 植木日　国土緑化のために定めに日。この日に墓参りをする人も多い。
- 4月 8日(陰暦) / 仏誕祭　釈迦誕辰日。各寺の周辺で行われる提灯行列が見もの。
- 5月 5日 / 子どもの日
- 6月 6日 / 顕忠日　国土防衛に命を捧げた人をまつる日。
- 7月 17日 / 制憲節　憲法の公布を記念する日。
- 8月 15日 / 光復節　1945年の日本からの解放記念日。
- 8월 15日(陰暦) / 秋夕(チュソク)　韓国の名節。日本の秋分の日と同じように祖先を敬い墓参りをしたり、月見をしたりする。地方の交通機関は、この前後に混雑する。
- 10月 1日 / 国軍の日　国軍創設を記念する日。
- 10月 3日 / 開天節　憲国記念日のこと。
- 10月 9日 / ハングルの日　ハングル誕生を記念する日。
- 12月 25日 / 聖誕節　クリスマス

8. 韓国人の姓名

韓国の人は祖先なとても尊いものとして大切にします。だれでも、必ず自分の家の「本貫(ボングワン)(祖先の元の起こりの地)」を知っていて、家には祖先伝来まで遡ゐことのできゐ「族譜(系譜)」があります。

韓国では、同じ姓の人同士が初めて会うと、必ず「本貫は?」と尋ねます。その本貫が同じであれば祖先が同じ、つまり親せきということになるのです。同じ姓て本貫をもつ男女は結婚できません。

また、結婚しても女性の姓は変わりませんし、相手の族譜にも記入されません。

韓国の人の姓はほとんどが1字です。約300ぐらいある姓の中から主をものをあげてみましょう。

金＝김(キム)	崔＝최(チェ)	韓＝한(ハン)
林＝임(イム)	李＝이(イー)	安＝안(アン)
姜＝강(カン)	呉＝오(オー)	朴＝박(パク)
趙＝조(チョー)	尹＝윤(ユン)	張＝장(チャン)

9. 韓国人のマナー 風習、習慣

・食事

① 韓国料理は人数分が1つの皿に盛りつけて出される。取り皿や取り箸はないので、 それぞれが自分の箸やスプーンで突つき合って食べるのが一般的。料理は残してもかまわない。

② 酒を注ぐときは、石手でビンを持ち、左手は石わきに、石腕に当てるようにそえる(左手を石腕のひじの下にそえてもよい)。受けるときは両手で盃かコップをささげるように持つ。

③ 年の若い者が年上の人に酒をすすめるのは失礼にあたる。年上の人に酒を注がれた場合は、 その酒を飲み于したあと、 返盃として酒をすすめるのがマナー。

・タバコ

儒教の習わしの強い韓国では、 以前は年上の人の前で堂々とタバコを吸うことはできなかった。今はそれほど厳しくはないようだが、 やはり吸う前にひと言断るか、年上の人が吸い出してからにしたほうが無難。また、煙を相手に吐きかけるような無祝なふるまいは慎むこと。

10. 韓国料理 メニュー

• 肉料理

ブルコギ
불고기 — 焼肉。焼きすぎないことがうまさの秘訣。

カルビ
갈비 — あばら骨に付いた肉を骨付きのまま焼いたもの。

カルビチム
갈비찜 — カルビと野菜をしょうゆ味でゆっくり煮たもの。

ユッケ
육회 — 牛肉の刺身。卵黄を混ぜ合わせて食べる。

ソコギサンジョク
소고기산적 — 牛肉とネギをくしに刺した韓国風シシカバブ。

(肉の毒を消すという意味から、肉料理後に梨を食べる)

• スープ

コムタン
곰탕 — 牛の臓物を煮こんだ塩味のスープ。

テグタン
대구탕 — たらのぶつ切りと野菜を煮こんだもの。

テンジャンチゲ
된장찌개 — 韓国風みそ鍋に野菜を入れて煮こんだもの。

センソンチゲ
생선찌개 — 魚を入れて煮こんだ鍋物。

コプチャンチョンゴル
곱창전골 — モツの鍋物。やや辛い。

ユツケヅヤン
육개장 — 細切り牛肉と野菜が入つた辛いスープ。

トツワワ
떡국 — 牛スープにうるち米のおもちを入れたもの。

スンドゥブ
순두부 — 柔らかい豆腐をスープで煮こんだもの。

(好みによつてスープに飯を入れ、雑炊風に食べる)

• 飯物

삼계탕（サムゲタン） — ひな鳥の腹にもち米、 朝鮮人蔘、なつめなどを語め、 丸ごと煮たもの。

비빔밥（ビビムパプ） — 飯の上にナムル(味付けしたほうれん草、 大豆もやしなど)や肉をのせ、ゴマ油をかけたもの。

국밥（クッパプ） — 肉、魚、野菜でとったスープに飯やいろいろな具を入れたもの。

전복죽（チョボクチュク） — あわびの入った卵がゆ、塩とゴマ油は好みで。

• めん

냉면（ネンミョン） — 冷めん。牛肉汁に浸したもの、汁なしのものがある。

온면（オンミョン） — 温めん。熱い牛肉汁にめんを浸したもの。

칼국수（カルクッス） — とりスープの中にきしめんと野菜を入れたもの。

짜장면（チャヂャンミョン） — ジヤージヤーめん。 肉と玉ねぎを中華風みそ味で煮つけ、手打ちめんの上にかけて食べるもっともポピュラーなもの。日本人がラーメンを食べるようによく食べる。

• その他 料理

전（チョン） — 白身魚、カキ、かぼちゃ、ミンチなど薄く切つた具を卵をつけて焼いたオードブル。

빈대떡（ピンデトック） — 緑豆の粉をベースに豚肉、 ねぎ、 キムチなどを入れた韓国版お好み焼き。

파전（パヂョン） — ピンデトクの上にわけぎをのせて焼いたもの。

구절판（クヂョルパン） — 代表的な宮廷料理。

나물(ナムル) — 野菜の総称。 大豆もやし、 ぜんまい、 トラジ(ききょうの根)、ほうれん草などをゆがいて味付けしたもの。

게장(ケジヤン) — かにのしょうゆみそ漬け。

•ドリンク・アルコール メニュー

커피	コピー	コーヒー
냉커피	ネンコピー	アイスコーヒー
홍차	ホンチャ	紅茶
아이스티	アイスティ	アイスティー
쥬스	テュース	ジュース
콜라	コルラ	コーラ
사이다	サイダ	サイダー
밀크	ミルク	ミルク
설탕	ソルタン	砂糖
인삼차	インサムチャ	にんじん茶
생강차	センカッチャ	しょうが茶
보리차	ボリチャ	麦茶
쌍화차	サンファチャ	漢方茶
율무차	ユルムチャ	はと麦茶
수정과	スヂョンタァ	ニッキなどを煮て冷やしたデザート
맥주	メクデュ	ビール
소주	ソデュ	焼酒
정종	チョンヂョン	精酒(日本酒)
위스키	ウィスキー	ウイスキー
막걸리	マッコルリ	どぶろくのようなもの
약주	ヤクチュ	薬酒

11. 朝鮮民謡

アリラソ
아리랑

아리랑 아리랑 아라리요
アリラソ アリラソ アラリヨ

아리랑 고개를 넘어간다
アリラソ ユゲルル ノモガソダ

나-를 버리고 가시는 님은
ナールル ボリゴ カシヌソ ニムソ

십리도 못 가서 발병난다
シムニド モ[ッ]カソ バルビョソナソダ

アリラン – 朝鮮民謡

アリラソ アリラソ アラリヨ
アリラソ峠を越えていく
私を捨てていく君は
一里も行けずに、足が痛む

※ 朝鮮の10里は日本の1里にほぼ相当する。

12. 韓国歌謡

トラワヨ フサンハンエ　　チャクサ チャクユク　　ファン ソヌ

돌아와요 부산항에　　작사 작곡　　황선우

꽃피는　동백섬에　봄이 왔건만
コンピヌン トンベワソメ　ボミ　ワンコンマン

형제 떠난　부산항에　갈매기만　슬피우네
ヒョンヅュトナン　フサンハンエ　カルノボマン　スルピウネ

오륙도 돌아가는 연락선마다
オリュクト　トラガヌン　ヨルラクソンマタ

목메여 불러봐도 대답없는 내 형제여
モンメヨ　フルロエマド　テダボムヌン ネヒョソジェヨ

돌아와요 부산항에 그리운 내 형제여
トラワヨ　フサンハンエ　クリヴン　ネヒョンェヨ

가고파 목이 메여 부르던 이 거리는
カゴバ　モギメヨ　フルドン　イゴリヌン

그리워서 헤매이던 긴긴날의 꿈이였지
クリヴォソ　ヘメイドン　キソギンナレ　クミヨワチ

언제나　말이 없는　저 물결들도
オソジェナ　マリオムスン　チョムルキョルドクルド

부딪쳐　슬퍼하며　가는 길을　막았었지
フテムソチョ　スルポハミョ　カヌンキルル　マガンソンテ

돌아왔다 부산항에 그리운 내 형제여
トラワマダ　フサンハンエ　クリヴン　ネヒョンェヨ

帰れ釜山港へ ― 作詞・作曲 黄善雨

花咲く椿の島に、春が訪れたのだが,
兄弟が別れた釜山港に、かもめだけがすすりなく
五六島に帰って行く連絡船ごとに
のどをからして叫んでみても、返事のないわが兄弟よ
帰っておいでよ、釜山港へ、なつかしいわが兄弟よ

行きたいと、のどをからして叫んだ、この街(みち)は、
変しくてさまよった、長い長い日の夢だったのだ、
いつもことばのない、あの水しぶきも
ぶっかって嘆きながら、ゆく道をふさいだのだ
帰っておいでよ、釜山港へ、なつかしいわが兄弟よ

□ 著者略歴 □

■ **金慶淑（キム ケイ シュク）**

- **学 歴**

首都女子師範大学 卒業
ソウル慶煕大学 大学院 経営学 修士
日本 東京学芸大学 大学院 教育学 修士
大邱大学 大学院 経営学 博士

- **職 歴**

日本 日本東京外国語専門学校 韓国語科 講師
日本 東京学芸大学 韓国語科 講師
韓国 永進専門大学 観光通訳科 講師
韓国 東州大学 観光通訳科 講師
韓国 東釜山大学 国際観光科 教授
日本 別府大学 地域総合科学科 教授

- **著 書**

日本語基礎
楽しく学ぶ日本語 I ・II
日本事情
一夕四鳥日本語(常用漢字編 I ・必修漢字編 II)
ホテル実務日本語会話
観光サービス日本語(飲食編・客室編)
ホテル経営実務
ホテル実務サービス
飲料酒場管理
ホテル用語辞典
カナハングル I ・II
もしもし韓国語II
他論文，著書多数

여보세요 한국어(I)

1판 4쇄 발행　2012년 9월 5일

저　자　김　경　숙
발행인　남　승　우

발행처　남南두斗도図서書

서울시 동작구 사당로9가길 6(사당동)
TEL : (02)595-1692~4
FAX : (02)595-1394
E-mail : namdoo6@unitel.co.kr
신고 : 5-76호 (1998. 11. 4)

정가 18,000 원

ISBN 89-5780-068-9　13710
ISBN 89-5780-067-0　(세트)